AF366315

5. et arts. 4716.

8. Sur Jacq. Perret le Vol. precedent. Voicy une autre Edon. de Son
ouvrage dont les planches Sont bien inferieures à celles de
Thomas de Leu.

ARCHITECTVRA
ET
PERSPECTIVA
DES
FORTIFICA
TIONS
&
ARTIFICES
DE
IAQVES PER-
ret Gentilhomme
Savoysien.
Mis en lumiere par la vefue
& les deux fils de Theo-
dore de Bry.
Imprimè par Wolf Richter aux de-
ſpens desdicts de BRY.
A Francfort sur le Main, 1602.

AV ROY.

 IRE,
Vous estes Lieutenant de Dieu sus la Terre, & le principal
Ministre de sa Gloire, pour faire à tous esgale iustice: & pource il faut que grands & petits vous obeissent & seruent, suiuant le commandement d'iceluy, auquel nous faut tous obe-
ir, & le prier deuotement qu'il vous maintienne tousiours en saincte garde.

De vostre Maiesté

Le tres-humble, tres-obeissant
& tres-fidele seruiteur,

De Paris ce premier de
Iuillet, 1601.

IAQVES PERRET
de Chambery.

A 2

C E S T E forteresse ou ville, comme on la voudra nommer, a sa
citadelle au milieu en quadrature, parfaite de 80. toises chacun costé, tant pour ses courtines, que bastions, ayant en ses
quatre angles quatre bastions retranchez en forme de tenal-
lies: parce que autrement faits, leurs angles exterieurs seroient par trop aigus. Les courtines ont 44. toises de long, de-
puis l'espaule & canoniere d'vn bastion, iusques à l'espaule & canoniere de l'autre bastion opposite: & depuis ladite espaule iusques à l'angle interieur 18. toises, qui est pour la largeur interieure de chacun bastion d'vn costé & d'autre.
Ainsi en tout sont 80. toises, pour l'vn des costez: l'espaule a 16. toises depuis la
courtine, iusques au front du bastion, y comprenant tousiours 5. ou 6. toises
pour les canonieres, ou casmates. Les courtines & bastions ont de hauteur e-
nuiron 8. toises, y comprins leur parapet, & d'espoisseur enuiron 9. toises, tant
de muraille, que de terre-plein, & à l'endroict des espaules 11. toises outre les 5.
ou 6. toises reseruees pour les canonieres. Au retranchement des angles de
chacun bastion sont deux canonieres à dextre & à senestre, pour faire la defen-
se d'iceux.

Estant entré, on trouuera les montees des courtines & bastions pour
monter sur leur terre-plein, & à chacune entree des bastions, vn grand pauillon quarré de 9. toises de largeur de chacun costé, & 12. toises de haut, estant
loin du terre-plein de 3. toises, afin que le canon puisse passer aisément entre
deux. Ils seruent de fort bon retranchement, & pour flanquer au dedans du
terre-plein & du bastiment, qui les ioinct tout à l'enuiron, & pour tenir les
munitions: lequel bastiment a de largeur tout au long 6. toises, & de hauteur
8. toises, & les petits pauillons, qui sont par tout 10. toises. Les ruës sont larges
de 6. toises, le bastiment s'entretient par terrasses à hautes arcades sur les ruës:
tellement qu'on peut aller par tout de l'vn à l'autre par le haut. Tout le bastiment se peut diuiser en 4. palais excellents, ayant chacun d'iceux au milieu vne
grande place quarree, comme est celle du milieu de tout le bastiment, qui est
enuironné de huict pauillons qui se io ignent par quatre terrasses, pour seruir
comme de theatre à regarder la place du milieu, de laquelle le canon peut tirer
par toutes les ruës. Estát sorti de la citadelle, on trouuera tout à l'enuiron d'icelle vne grande place, seruant de fosse à sec paué, ayant de largeur au plus estroit
18. toises iusques au bastiment de la premiere enceinte, lequel a de largeur 12.
toises, tant de bastiment, terre-plein, que muraille pour le parapet & faulses
brayes au dehors à rez les fossez, lesquels ont de largeur 16. toises par tout. Ceste enceinte est faite en forme d'vne large croix retranchee, ayant de hauteur
6. toises, y comprins son parapet, & 2. toises de profondeur. Au dedans on
trouuera à chacun angle deux pauillons à dextre & senestre, qui seruét comme
de bon retranchement, & pour flanquer en dedans tout le long du bastiment,
& fossez à sec, ayans deux montees pour aller sur le terre-plein, & aux 8. angles
interieurs sont 8. pauillons auec grands escaliers, pour monter aussi sur ledit

terre-

terre-plein, & pour y tenir le corps de garde. Le baſtiment n'a que 4. toiſes de
largeur tout le long, lequel eſt mis ſur des voutes & arcades qui ſont à rez terre,
& par leſquelles on va à couuert de la pluye tout autour, y ayans boutiques de
marchandiſe qui veut. Le couuert d'iceluy baſtiment peut eſtre en forme de
terraſſe ioignant le terre-plein, ou autrement à plaiſir. Ceſte enceinte à ſes canonieres pour tirer par dehors tout de long du foſſé, auec le canon, mouſquet
& harquebuze: car elle eſt flanquee par tout. Le contr'eſcarpe eſt haut depuis
l'eau du foſſé de 4. toiſes, & autant de large, iuſques au terrein, lequel auec la
banquette eſt plus haut que le contr'eſcarpe de 6. pieds, pour aller à couuert,
lequel terrein deſcent vn peu en talus iuſques à d'autres foſſez, ſi la ſituation
de la fortereſſe les peut auoir, laquelle eſtant en vn coupeau, ſeroit tant plus
d'excellente beauté. On trouuera le baſtiment tout à l'enuiron de la citadelle
d'vne toiſe plus haut que ne ſont ſes courtines & baſtions, & iceux baſtions &
courtines plus hauts d'vne toiſe que n'eſt l'enceinte & baſtiment en forme de
large croix retranchee, & icelle enceinte d'vne toiſe plus haut que n'eſt le terrein: tellement qu'on peut voir & tirer harquebuzades depuis ladite citadelle,
iuſques audit terrein tout à l'enuiron, & par dedans tout le long du baſtiment
de ladite enceinte, comme auſſi fait le canon. L'eſchelette monſtrera auec le
compas toutes les meſures.

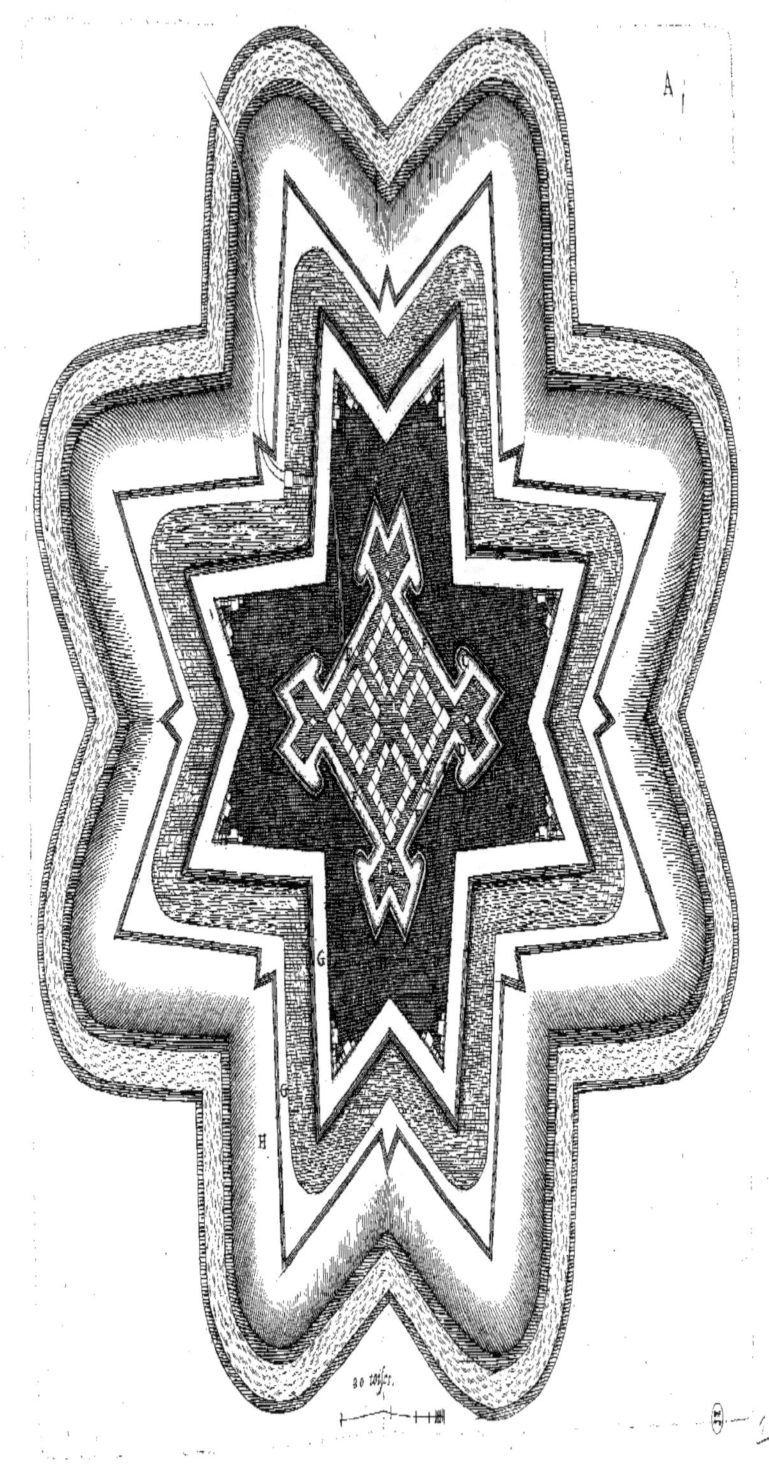
A
C
G
G
H
30 toises.

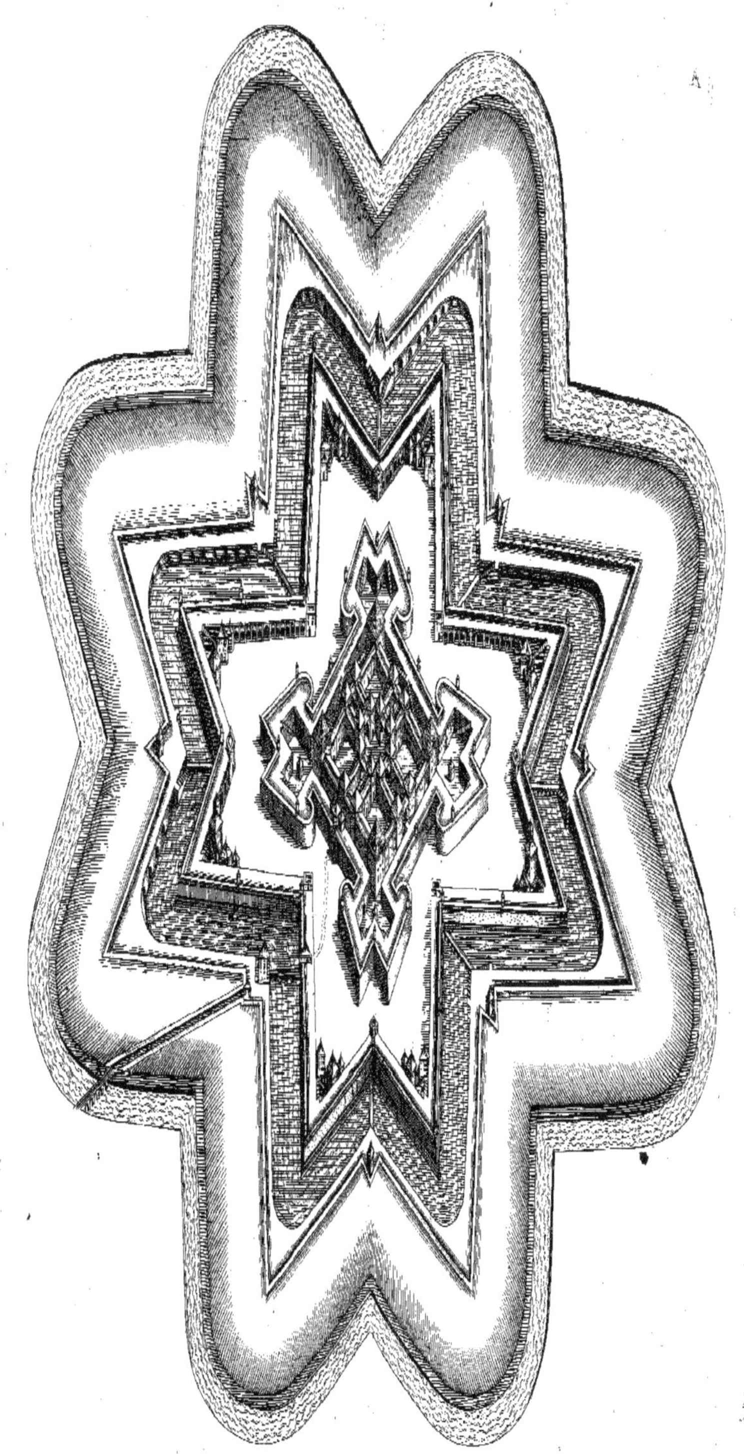

Este citadelle ou forteresse est à cinq costez, chacun d'ceux contient 80. toises, tant pour les courtines que pour les bastions qui sont aux cinq angles. Les courtines ont de longueur 44. toises depuis la ligne de l'espaule d'vn bastion, iusques à la ligne de l'autre espaule opposite, & depuis ladite ligne de l'espaule, iusques à l'angle interieur 18. toises d'vn costé & d'autre, qui est pour la largeur interieure de chacun bastion. Ainsi sont en tout 80. toises de long pour l'vndes costez, tant pour les courtines, que largeur interieure des bastions. L'espaule a 16. toises, depuis la courtine iusques au front du bastion, y comprenant tousiours 5. ou 6. toises pour les canonieres ou casemates. Les courtines & bastions tout à l'enuiron, ont d'espoisseur enuiron 8. toises, tant de muraille, que terre-plein, & à l'endroit des espaules 11. toises, outre les canonieres ou casemates, qui ont tousiours de 5. à 6. toises pour leur contenu. La hauteur est de 7. toises tout à l'enuiron, y comprenant le parapet, & 2. toises de profondeur d'eau. Les fossez ont 12. toises de largeur, à l'endroit des espaules. Le contr'escarpe a de hauteur 4. toises depuis l'au du fossé, & autant de largeur depuis ledit fossé iusques au terrein, qui est de 6. pieds plus haut que ledit contr'escarpe, pour aller à couuert sur la petite banquette. Ledit terrein descent quelque peu en talus iusques à d'autres fossez, si on en peut faire. Estant entré, on trouuera les montees des courtines & bastions pour aller au dessus de leur terre-plein, ayans 2. toises de large, qui seruenr aussi à renforcer l'enuiron de la forteresse. En apres, pour le bastiment on trouuera à l'entree de chacun bastion vne grosse tourrasse, ayant enuiron 8. toises de diametre dans œuure, & deux toises d'espoisseur de muraille, & de hauteur 12. toises. scelles sont essoignees du terre-plein, enuiron 3. toises, afin que le canon puisse passer aisément entre deux. Ces tourrasses seruent de fort bon retranchement, & pour tenir dedans les munitions de toute la forteresse, toutes cinq se flanquent au long du bastiment, qui les ioignent. Les ruës sont larges de 7. toises, & le bastiment a aussi autant de large, & 8. toises de haut: les pauillons qui sont par tout ont 10. toises ses de haut. De la place du milieu le canon peut battre tout au long de toutes les ruës, tous les bastimens sont en quadrature, iaçoit quæ la forteresse soit de 5. costez. Rapportant les mesures que l'on voudra sçauoir auec le cópas sur l'eschelette, qui est icy de 80. toises, & au profil on trouuera ce que l'on cerche, tant au plan, qu'en la perspectiue.

D

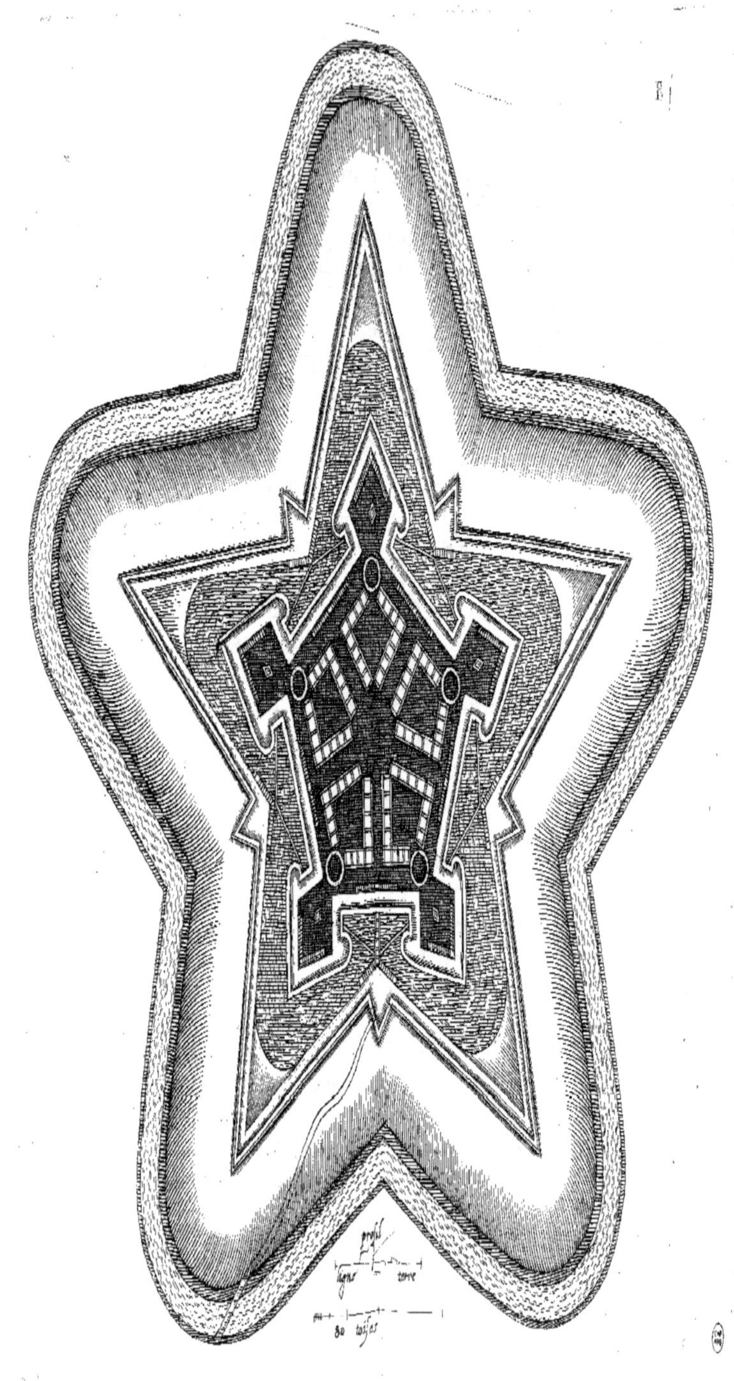

profil
ligne   terre
80 toises

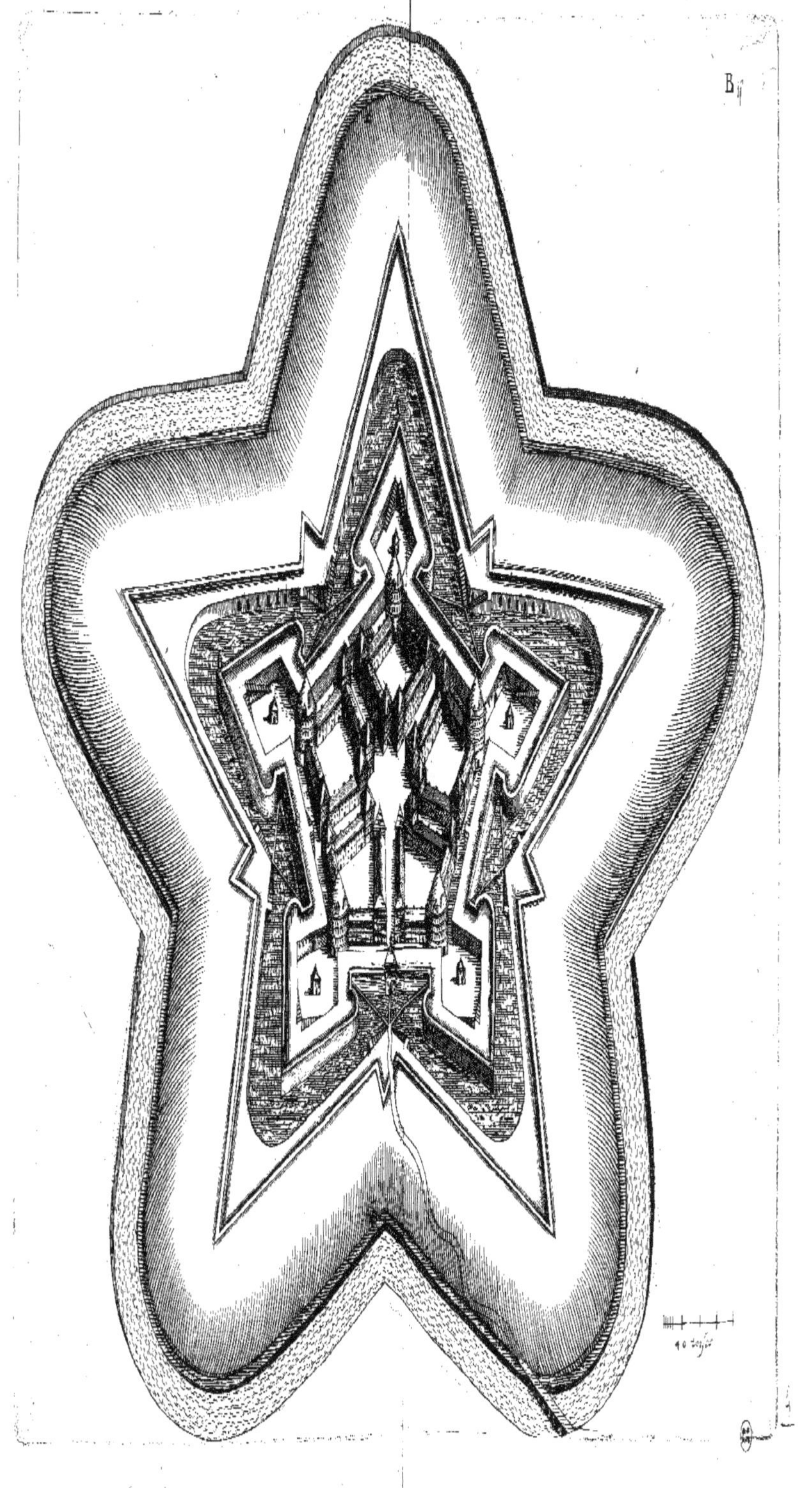

B

C ESTE citadelle est à 6. costez, chacun d'iceux contient 80. toises, tant pour ses courtines, que pour les bastions qui sont aux 6. angles. Les courtines ont de longueur 44. toises depuis la ligne de l'espaule d'vn bastion, iusques à la ligne de l'autre espaule opposite, & depuis ladite ligne de l'espaule, iusques à l'angle interieur 18. toises d'vn costé & d'autre, qui est pour la largeur interieure de chacun bastion. Ainsi sont en tout 80. toises de long pour l'vn des costez, tant pour les courtines, que largeur interieure des bastions. L'espaule à 15. toises depuis la courtine iusques au front du bastion, y comprenant tousiours 5. ou 6. toises pour les canonieres ou casemates. Les courtines & bastions tout à l'enuiron ont d'espoisseur 8. toises, tant de muraille, que de terre-plein, & à l'endroit des espaules 10. toises, outre les canonieres. La hauteur depuis l'eau est de 7. toises, y comprenant leur parapet, & 2. toises d'eau en profondeur. Les fossez ont 12. toises de largeur à l'endroit des espaules; le contr'escarpe à de hauteur 4. toises de puis l'eau du fossé, & 3. toises de largeur depuis ledit fossé iusques au terrein, qui est de 6. pieds plus haut que ledit contr'escarpe, pour aller à couuert, ledit terrein descent quelque peu en talus: le pont est large de 2. toises. Puis estant entrè, on trouuera les monte es des courtines, & bastions pour aller au dessus de leur terre-plein, ayans 2. toises de large qui seruent aussi à renforcer l'enuiron de la forteresse. En apres est vne forte muraille auec son terre-plein, tout à l'enuiron, contenant en tout 4. toises d'espoisseur, sans les monte es. A chacun angle d'icelle sont des petits bastions qui se flanquent l'vn l'autre, & ausquels on entre par le dedans de la forter esse, ayans à l'entree 2. pauillons à dextre & senestre, qui seruent à tenir les munitions de la forteresse. Toute ceste seconde en ceinte n'est pas plus haute que les premieres courtines & bastions, tellement qu'elle ne peut estre offensee du canon. En apres pour le bastiment on trouuera de belles places par tout, outre la grand place du milieu, qui à 6. costez, à chacun desquels est vn grand pauillon, estant par le bas la moitié vouté en arcades, tellement qu'on peut aller à couuert de la pluye tout autour de ladite place, ayans à leurs costez 6. ruës auec leurs bastimens & grandes places au milieu d'iceux en forme de triangle: neantmoins tout le bastiment & pauillons sont en quadrature pour grande commodité & beauté. Du milieu de la grand place, le canon peut tirer par tout les ruës. Prenant le compas, & rapportant les mesures sur l'eschelette, on aura ce qu'on cerche, tant au plan qu'en la perspectiue.

F

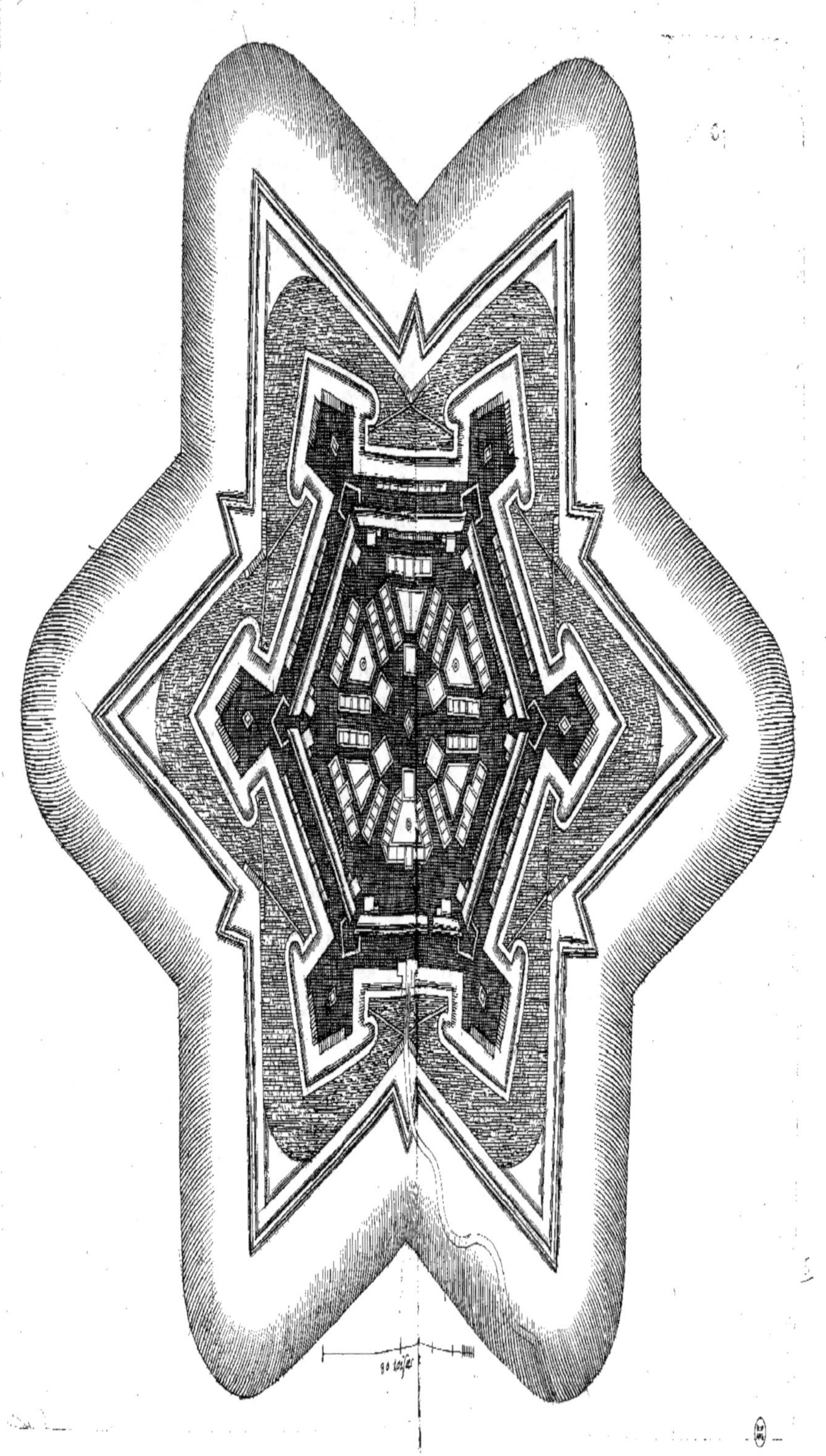

90 toises

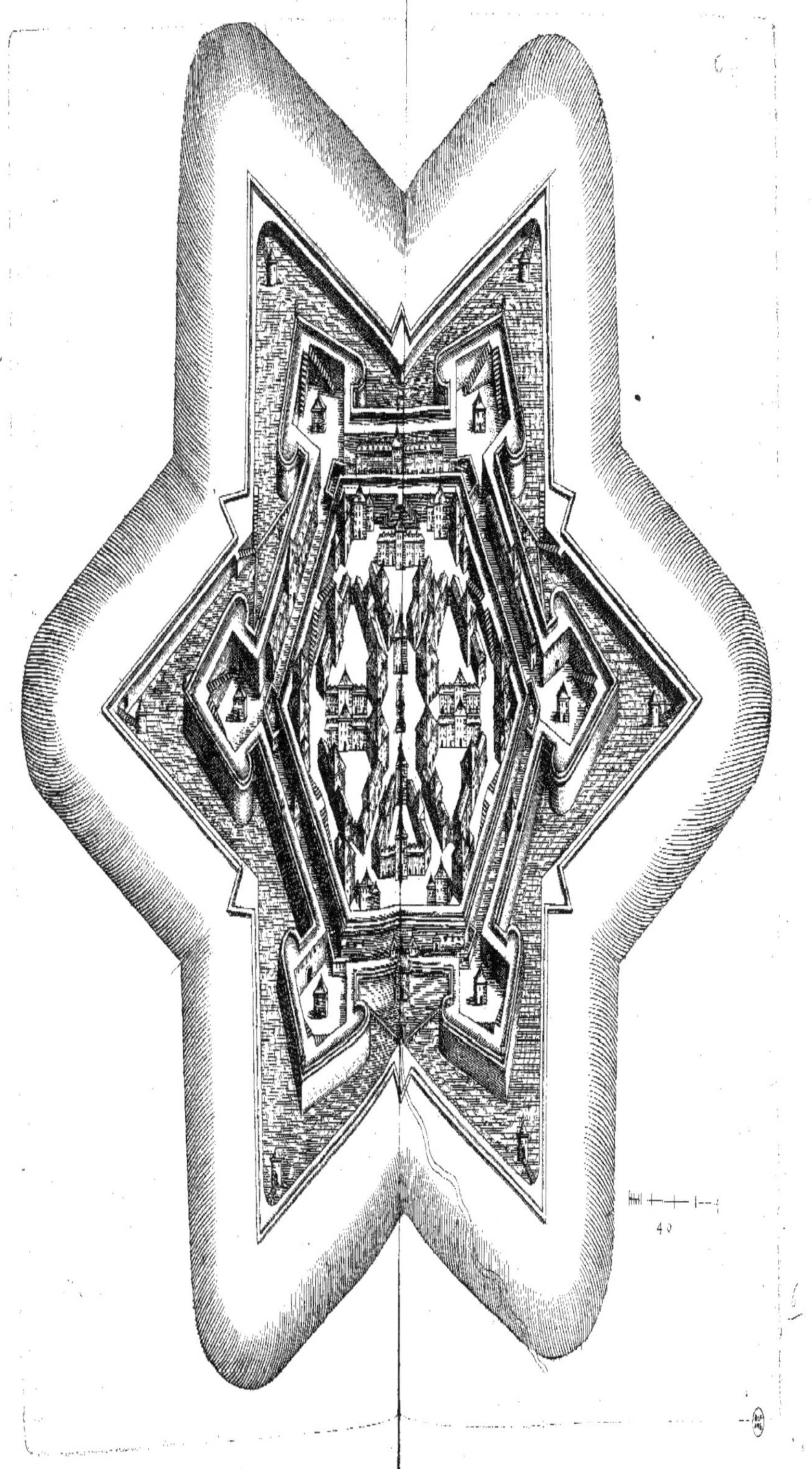
40

ESTE ville a 16. coſtez à l'enuiron, y comprenant vn de ſa citadelle qui entre dedans, ils ont chacun 80. toiſes de longueur, depuis vn angle iuſques à l'autre. Et à cauſe de la grande circonference de la ville, les lignes de l'eſpaule font vn peu
l'angle aigu ſur les courtines, afin que les baſtions ſoient plus
pres l'vn de l'autre, & que la fortereſſe en ſoit tant meilleure.
Les courtines & baſtions ont de largeur enuiron 9. toiſes, tant de muraille,
que terre-plein, & à l'endroiÂct des eſpaules 10. outre les 8. toiſes pour les canonieres, & de hauteur ont 7. toiſes, y comprenant leur parapet, depuis l'eau
qui a 2. toiſes de profond: les foſſez ont 12. toiſes de largeur à l'endroit de l'eſpaule. La hauteur du contr'eſcarpe eſt de 4. toiſes depuis l'eau du foſſe, & ſa largeur iuſques au terrein autant, ledit terrein eſt touſiours plus haut que le contr'eſcarpe de 6. pieds auec ſa banquette, lequel deſcent vn peu en talus tout à
l'enuiron. Eſtât entre par l'vne des trois portes, on trouuera les môtees, tât des
courtines, que baſtions, pour aller ſur leur terre-plein tout autour. A l'entree
de chacun baſtion eſt vn grand pauillon rond ou quarré, pour y tenir les munitions, qui ſert de bon retranchement. Ces pauillons ſe flanquent en dedans
tout au long du terre-plein, ayans de grandes & ſpacieuſes places iuſques aux
baſtimens prochains qui ſont des grands palais oppoſites l'vn à l'autre (la ville
eſtant entre deux) le plus grand deſquels eſt pour le gouuerneur d'icelle, l'autre pour vne grande eſcurie & academie: & aupres d'iceux, ſont deux grands
Temples auſſi oppoſites, chacun d'iceux ayans aſſez prés vn grand Hoſpital,
ce qui comprend deux angles oppoſites de la ville. A l'vn des autres deux angles d'icelle eſt vn grand Palais pour la iudicature & priſons, & aſſez prés vn
autre pareil Palais pour la maiſon de ville: & à l'oppoſite au quatrieſme angle,
ſont deux ſemblables Palais, l'vn pour vn beau College, & l'autre pour les Sei-
gneurs eſtrangers, que le ſeigneur, ou gouuerneur veut faire bien loger aupres
de ſon excellent Palais qui eſt foſſa, lié, & tout enuironné de iardinages. La ville eſt en quadrature parfaite, & ſes ruës toutes droites. Tout le baſtiment eſt
fait comme grands Palais ſe ioignans par tous les carrefours aux pauillons par
terraſſes ſur les ruës à grandes arcades: aians au milieu de grandes places par
tout, pour auoir bon air, & iardinages qui veut. A l'enuiron de la grand place
du milieu ſont 8. grands pauillons auec leurs baſtimens: & apres iceux ſont
quatre grandes places pour tenir les marchez. Toutes les ruës ont 6. toiſes de
largeur, leurs baſtimens autant, & 8. toiſes de haut, & les pauillons 12.

La citadelle a 5. coſtez & 5. baſtions, vn deſquels eſt compris entierement
dedans l'enceinte de la ville, les autres deux à dextre & ſeneſtre peuuent tirer
par tout dedaus icelle: tous ſes baſtions & courtines ſont d'vne toiſe plus haut
que ceux de la ville, pour mieux la dominer. Eſtant entré, on trouuera les
montees pour aller ſur le terre-plein, tant des courtines que baſtions, & à chacune entree des baſtions eſt vne grande terraſſe eſſo ignee des terre-plein
d'enuiron 3. toiſes, pour le paſſage du canon, & qui ſeruent de fort bon re-

H   tranche-

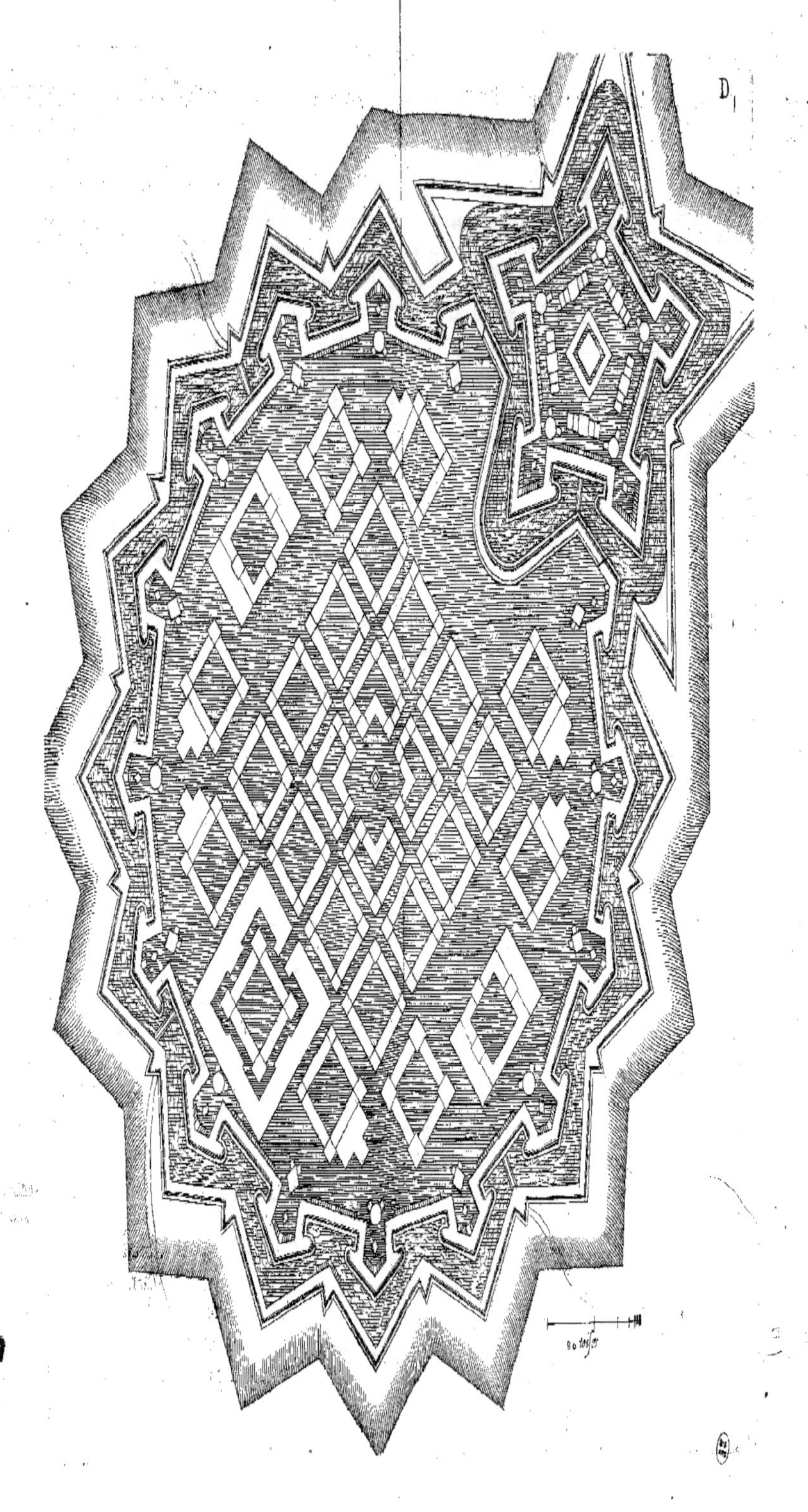

D

tranchement, & pour tenir les munitions. Elles se flanquent l'vne l'aûtre tout
a l'enuiron du dedans du terre-plein, des courtines, & au long des 5. grands
bastimens qui sont aux 5. costez pour les soldats, & le grand pauillon qui est
au milieu auec son iardinage, est pour le Capitaine, qui peut voir d'iceluy
presque par toute la forteresse. I celle citadelle a son entree libre dedans la ville, & dehors, comme il faut. Prenant les mesures que l'on voudra sçauoir auec
le compas, & les rapportant sur l'eschelette, on aura ce qu'on cerche, tant au
plan, comme en la perspectiue.

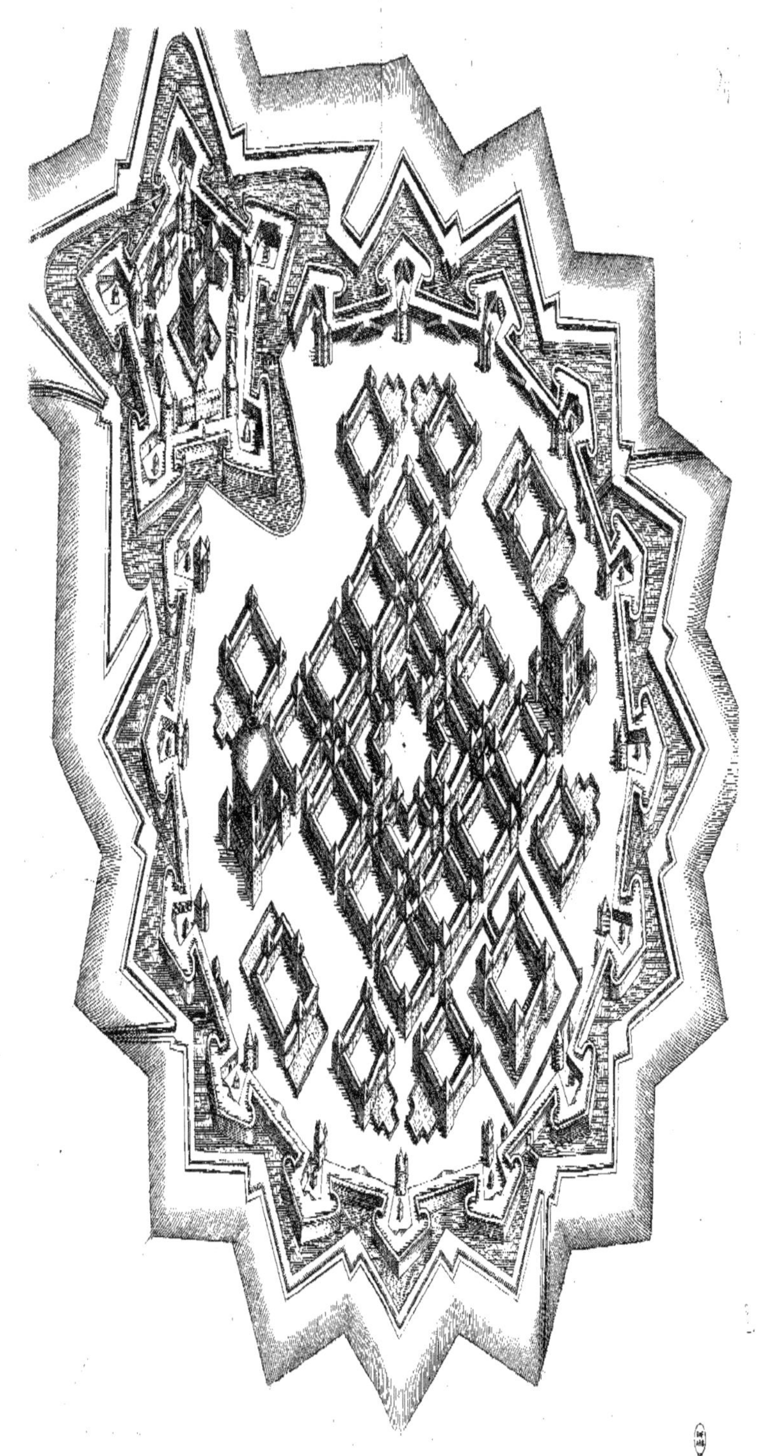

ESTE grand'ville a 23. coftez à l'enuiron & autant de baftions outre vn de ceux de fa citadelle qui entre entierement
dedans. Chacun cofté contient 80. toifes comm eles prece-
dentes forterefles: & à caufe de la grande circonference de la
ville, les lignes des efpaules font vn peu l'angle aigu fur la courtine, afin que les baftions foient plus prés les vns des autres, & que la defenfe en foit tant meilleure. Les courtines & baftions ont de
largeur 9. toifes par tout tát de muraille, que terre-plein, iaçois qu'on en pourroit bailler plus, & à l'endroit des efpaules 11, outre les 5. ou 6. toifes pour les ca-
nonnieres, & de hauteur 8. toifes, y comprenant le parapet. Les foffez qui font
à fec ont 12. toifes de largeur à l'endroit de l'efpaule, iufques à l'enceinte de dehors, laquelle a de largeur enuiron 7. toifes tant de murailles pour fon parapet,
que terre-plein: & enuiron 6. toifes de hauteur, elle fe flancque par tout à
l'enuiron aiant fes montees fur le terre-plein & fes canonieres à dextre & feneftre pour tirer par tout le long du terrein, qui defcent quelque peu en talus iufques aux foffez à eau, à l'enuiron defquels il y a des petits monceaux de cail-
loux de 10. à 12. toifes pres l'vn de l'autre, là où quand le boulet de canon frap-
pe fe fait vn merueilleux efclat pour defenfe. Il y a quatre entre es pour aller
dedans la ville, à chacune d'icelles il y a trois portes a paffer. La premiere eft
dedans le rauellin, au milieu des foffez à eau, où il y a les ponts-leuis & baftimens neceffaires. La feconde eft à la premiere enceinte de murailles, y ayant
fon pont-leuis & pauillon requis. Et la troifiefme eft au milieu de la courtine
& baftions des foffez à fec ayant fon pont-leuis & baftiment comme il fault.
Eftant entré on trouuera les montees pour aller fur le terre-plein tant des courtines que des baftiós tout à l'enuiron, & à chacune entree des baftions, deux
petits pauillons aux montees des courtines & vn grand pauillon quarré ou
rond qui feruent de retranchement, & qui fe flancquent tous l'vn l'autre, & au
long du dedans du terre-plein: ils font propres pour habitation & pour tenir
les munitions neceffaires pour toute la ville. Vn peu plus auant en la ville on
trouuera à chacune porte d'icelle deux grands baftimens à dextre & feneftre
ayans grandes places entre-deux, lefquels feruent de magazins pour entre-
pofer les marchandifes qui entrent & compter de l'impoft. Ces magazins ont
affez prés d'eux, chacun vn grand pauillon quarré auec fon iardinage pour
belle habitation. Paffant entre ces deux magazins tirant au centre de la ville,
on trouera au commencement de la grand'ruë, vne belle place quarree toute
enuirónee de pauillons ayant à dextre & feneftre deux ruës femblables en baftimens & fe terminans par deux pauillons fur vne belle place, de laquelle on
peut aller droitemét au milieu de la ville ayát à dextre & feneftre les plus beaux
baftimens d'icelle: plus cótinuant ladite grád'ruë en tirant au cétre on trouuera vne autre grande place quarree comme la premiere enuironnee de pauil-
lions, ayant à dextre & feneftre deux petites rues fe terminans par deux pauillons fur belles places, & continuant encores ladite grand'ruë, elle fe termine

K   par

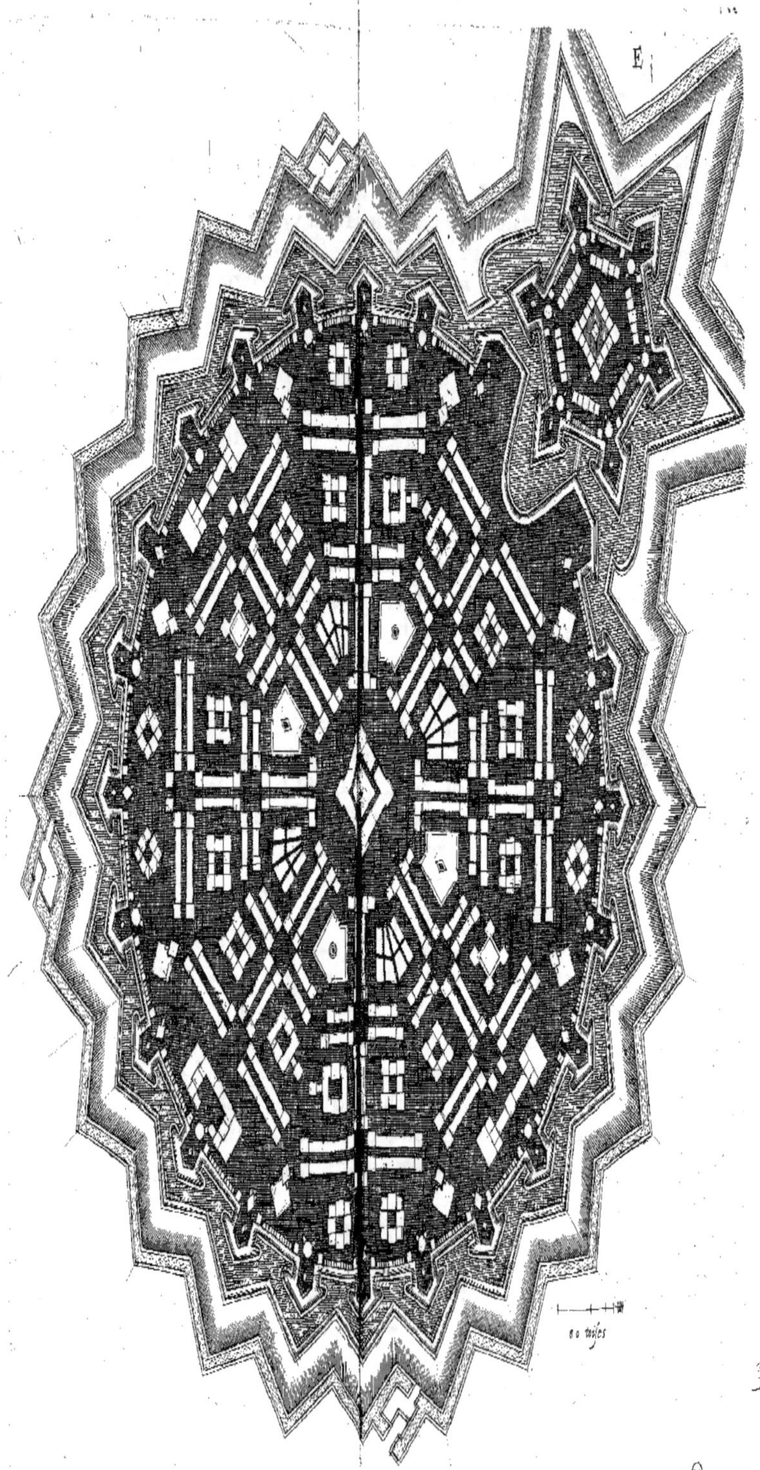

E
o o toises

par deux pauillons à dextre & feneftre auec leurs baftimens fur la grande place du milieu. Toutes les ruës font droites & ont 6. toifes de largeur, le baftiment 7. & de hault 8. & leurs pauillons 8. de largeur & 12. de hauteur.

Si on a bien entendu le baftiment, places & ruës de cefte grande ruë &
huitiefme partie de la ville, les autres fept font toutes femblables.

On trouuera à l'enuiron de la grand'place du milieu quatre grandes
places de marché pour la vente des grains, vins, bois & foin, auec quatre autres
places entre deux aians boccages & iardinages pour auoir bon air & grande
recreation.

On trouuera auffi à l'endroit de l'vne des places du marché au long du
baftiment en dedans en vne grand'place, vn grand temple & affez prés l'hofpital, & de lautre cofté de la ville oppofite à ceftui-cy vn autre femblable temple
& hofpital. En apres à l'endroit de la place des boccages au long des baftimés
en dedans en vne grande place, eft vn grand palais pour tenir la iudicature &
affez prés les prifons. Et de l'autre cofté de la ville & oppofite vn femblable palais & prifons. Et en apres à l'endroit de l'vn des quatre marchez au long des
baftimens en dedans en vne grande place, on trouuera vne grande boucherie,
& affez prés la poiffonnerie: & de l'autre cofté de la ville oppofite vne femblable boucherie & poiffonnerie. En apres à l'endroit de l'vne des places des iardinages au long des baftimens en dedans vne belle place on trouuera vne
grande maifon de ville & vn beau college affez prés, & de l'autre cofté de la
ville oppofite vne femblable maifon de ville & college.

Outre les baftimens fufdits & affez prés des baftions & courtines de l'vn
des coftez de la ville on trouuera vn fort beau baftiment auec fes iardinages &
grandes places à l'enuiron, qui eft pour vne grande efcuirie Royalle, & de l'autre cofté de la ville oppofite vne autre femblable efcuirie. Plus on trouuera
affez prés du terre-plein des baftions & courtines vn grand palais auec fes iardinages & grandes places à l'enuiron, qui eft pour le principal gouuerneur de
la ville: au cêtre de laquelle eft le grand pauillon Royal ayant fes foffez, pont-
leuis & iardinages à l'enuiron qui fe flancquent de moiennes murailles. Puis
eft la grande place qui enuironne le tout.

Ce grand pauillon peut contenir & loger cinq cents perfonnes à leur
aife. Le plan & la perfpectiue du dehors & du dedans d'iceluy eft cy apres.

La citadelle a fix coftez & autant de baftions l'vn defquels eft compris
entierement dans l'enceinte de la ville, les autres deux baftions à dextre & feneftre peuuent tirer par tout le dedans d'icelle. Tous fes baftions & courtines
font plus haut d'vne toife que ne font ceux de la ville pour mieux la dominer.

Eftant entré par le pont-leuis, qui entre dedans la ville, ou par dehors
qui eft l'autre entree, on trouuera les monte es pour aller fur le terre-plein, tát
des baftions que des courtines, lefquels baftions ont chacun à leur entree vne
grande tourraffe & deux petits pauillons à dextre & feneftre d'icelle, qui fe
flancquent tous l'vn l'autre, & au long du terre-plein en dedans. Icelles feruent
de fort

de fort bon retranchement, & pour tenir les munitions de toute la citadelle. En apres sont six beaux bastimens pour les soldats, aux six costez qui sont
aussi flancquez desdites tourrasses, & au milieu est vne fort grande terrasse
quarree auec quatre grands pauillons aux quatre angles, & qui se flancquent
tout au long du bastiment qui est entre deux, au milieu desquels bastimens
sont quatre grands escaillers pour monter au dessus de la terrasse & pauillon
quarré, qui est au plus haut d'icelle, comme sentinelle & plaisante veuë, à l'enuiron duquel se peut mettre deux canons de chacun costé pour tirer en campaigne & par toute la ville : car icelle terrasse a de diametre 32. toises sans le
bastiment qui l'enuironne & autant de hauteur sans le pauillon.

Le contr'escarpe de ceste citadelle est faict comme est faicte l'enceinte
de la ville, qui se flancque tout à l'enuiron, son entree par dehors a son rauellin, pauillon & pont-leuis au milieu des fossez à eau, & la seconde entree au
terrein & muraille du contr'escarpe auec son pauilon & pont-leuis, & la troi-
siesme entree aux fossez secs au milieu de la courtine de la citadelle auec pauillon & pont-leuis, comme il faut.

Les villes qui sont en bon pays fertile & en bon air auprés ou qui touchent quelque grande riuiere portant batteaux, sont tant plus commodes &
desirables, ou qui ont quelque grand ruisseau qui entre naturellement dans
icelles. Mais à faute de ce, il faut tacher de loing de les y faire approcher ou entrer artificielement comme on a faict à Milan, Thurin, & ailleurs. Et à Nismes
le merueilieux pont du Gua, faict expressement pour passer l'eau au plus haut
de trois ponts. qui sont l'vn sur l'autre. Ie renuoye aussi les architectes & mai-
stres massons a ladite ville pour contempler son grand theatre le plus entier
du monde, & aussi la maison quarree, antique, toute entiere, a cause de sa
grand'beauté conseruee. C'estoit anciennement vn temple des paures Payens.

L'eschelette monstrera auec le compas toutes les mesures.

L

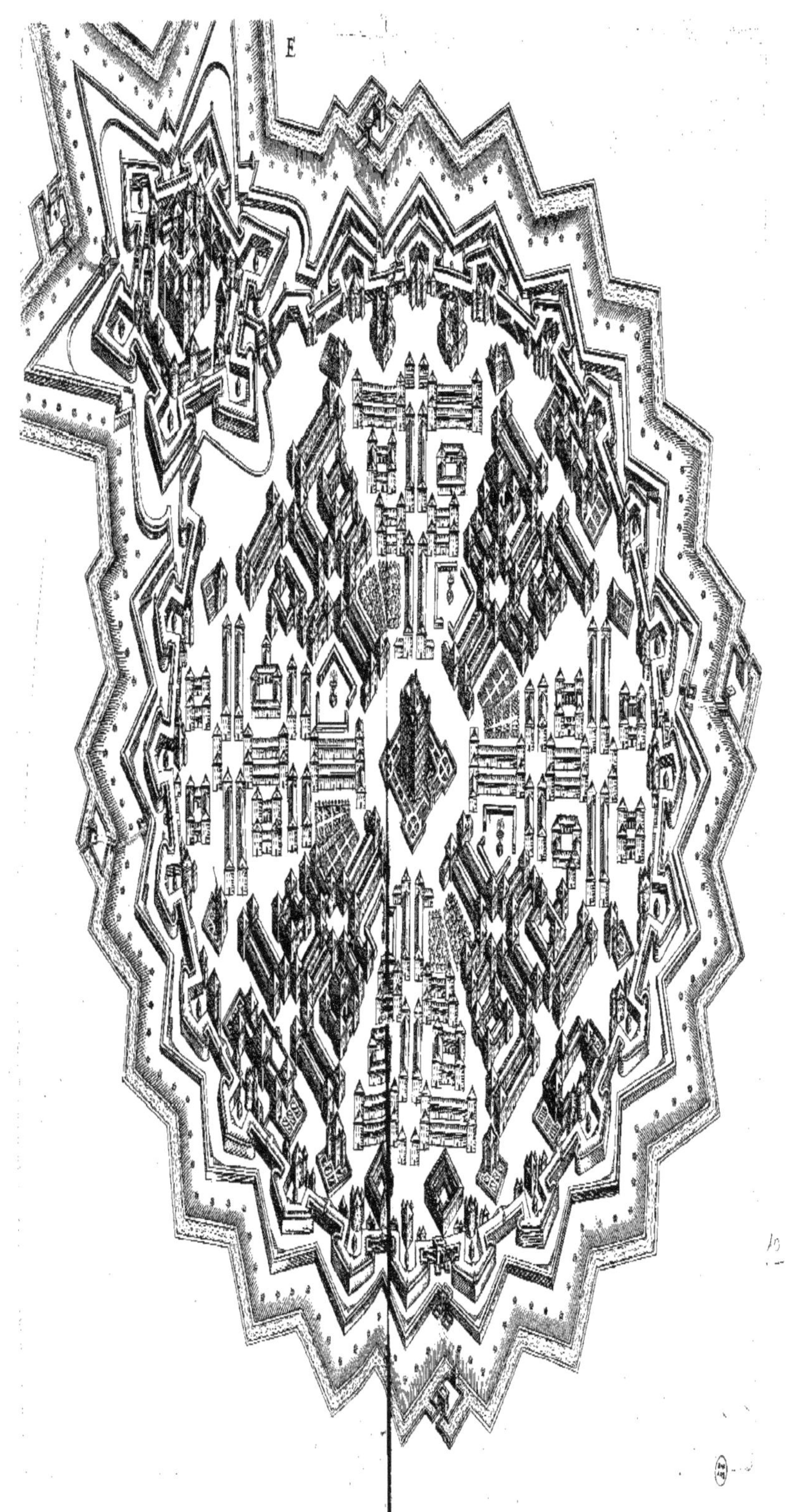
E

E s t n figure eft de diuers plans de fortifications & de diuers
profits pour contenter diuerfes opinions. Mais en vne grande importance & defpence il fe fault refoudre par vne bonne confultation de gens capables &bailler la charge a vn feul
bour commander.

Quant aux contremines plufieurs font d'opinion de
les faire dans les foffez, afin que l'ennemy n'entre point dedans la forterefle.

Les Capitaines bien experimentez veulent que les forterefles foient fi
bien faictes que l'arquebuze face par tout à l'enuiron la defence (outre le canon)& que l'arquebuzade y puiffe tellement atteindre qu'elle produife fon ef-
fect pour offenfer qui n'a que quatre vingts ou cent toifes. La toife eftant de
fix pieds de Roy, faut auffi que lefdites forterefles aient d'efpeffeur aux courtines & baftions enuiron neuf toifes tant de muraille quo de terre-plein fans
l'efcharpe, & de 16. à 17. toifes à l'endroit de l'efpaule y comprenant cinq ou
fix toifes pour les canonieres ou cafemates aufquelles ne faut aucunes pier-
res, ains du fiment ou terre lutee ou bien chaulx &fable & quelques bois ten-
dres pour l'entretien & feparation defdites canonieres, &auffi la courtine touchant les cafemates. Et c'eft pour bien refifter & amottir les coups de canon
& des bricoles. Et de hauteur enuiron huit toifes depuis le fond du foffé, y
compris le parapet, & auffi que lefdits baftions foient fi prés les vns des autres,
que le tout foit bien obferué, tant que la nature du lieu le peut porter. Car il
faut toufiours fortifier felon le fite, & auffi felon l'ennemy que l'oncraint d'a-
uoir affaire. Car s'il eft fort puiffant, il luy faut baftir à l'encontre vne forte &
puiffante ville pour le moins de huit ou dix baftions fans citadelle, & qu'ils
foient auec les courtines plus forts, grands & efpés qu'on n'a accouftumé de
faire aiant les foffez & contr'efcarpes, de mefme bien munitionnee de toutes
chofes neceffaires, auec le nombre des foldats à ce requis, baillant pour chacune toife de tout l'enuiron trois foldats & vn de furplus pour fupporter les
inconuenients des morts ou bleffez, & c'eft outre le commun peuple de la
ville.

M

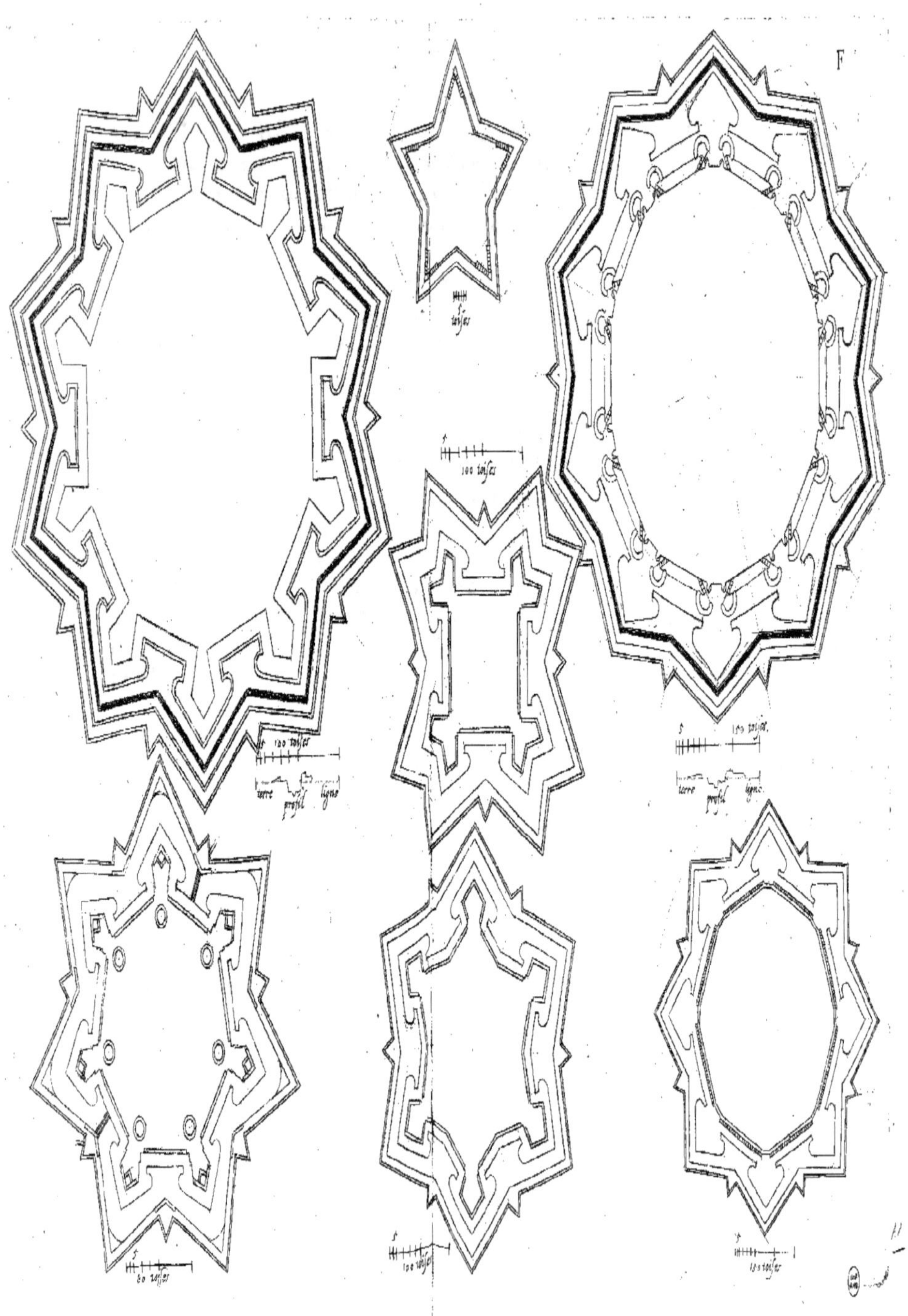

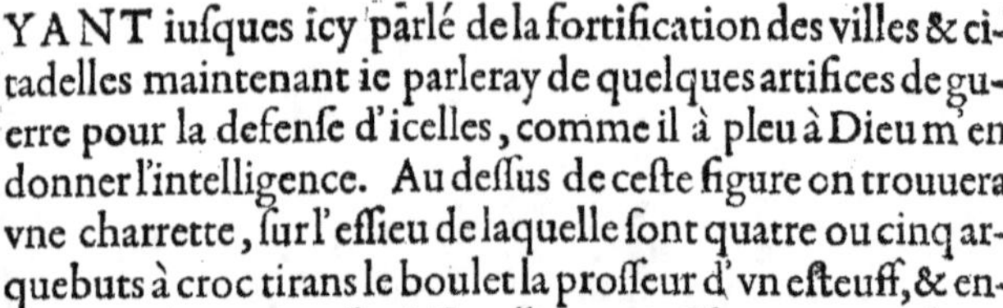

YANT iufques icy parlé de la fortification des villes & citadelles maintenant ie parleray de quelques artifices de guerre pour la defenfe d'icelles, comme il à pleu à Dieu m'en donner l'intelligence. Au deffus de cefte figure on trouuera vne charrette, fur l'effieu de laquelle font quatre ou cinq arquebuts à croc tirans le boulet la proffeur d'vn efteuff, & entre deux d'iceux font trois lances, au fer defquelles (qui eft long & trenchant font attachees à fil de fer grenades à feu delongue duree & à dextre & feneftre affez prés des rouës deux grands rampons ou partefanes fort trenchans pour offenfer gens & cheuaux.

Cefte Charrette a auffi fur fon effieu vn mantelet tellement faict, que le boulet du moufquet ne le puiffe percer, afin que trois ou quatre puiffans foldats, lefquels pouffent & gouuernent deuant eux la dite charrette, ne foient nullement offenfez. Or ie dis quæ fept ou huit femblables charrettes plus ou moins mifes au retranchement d'vne brefche faicte en quelque lieu de la fortereffe feruiroient de merueilleufe defenfe, par ce que les foldats demeurent à couuert, & qu'elle fe peut tourner à dextre & feneftre fort fudain & bien defendre, rechanger, remonter & porter par tout en particules.

Icelles feruiroient auffi grandement en la campaigne, car en ayant vne douzaine ou vingtaine plus ou moins, l'armee peut aller en derriere à couuert, fors du canon, ie dis auffi que le traict des arquebuts à croc pourra tourfiours abbatre trois ou quatre rangs des ennemis qui feroient en front, & tant plus lefdites charrettes feroient prés l'vne de l'autre, tant plus l'armee feroit à couuert. Cefte charrette a icy deux pourtraicts en perfpectiue pour meilleure intelligence.

On trouuera auffi au milieu de cefte figure vne grande butte de douze ou quinze pieds de long & huit de large & fept de haut mife fur vn bas charriot de mefme grandeur, fes rouës n'eftans que d'vn pied & demy de diamettre. Icelle butte eft faicte de huit ou dix balles de laine ou de bourre, vieux matrats & couuertes que l'on peut aifément trouuer, & eftant le tout bien agencé & garotté à gros & prochains cordages, ie dis qu'elle eft fuffifante pour fouftenir plufieurs coups du canon, car elle peut bien branffer aucunement, mais fa pefanteur & contre-poids la maintiennent toufiours en fon lieu. Outre ce qu'on luy peut mettre des appuis en derriere, comme on veut, elle fe peut affez toft deffaire, remonter & porter en particules là on veut, foit pour defendre ou offenfer. Cefte butte a deux pourtraicts en perfpectiue l'vne pour le deuant, l'autre monftre bien euidemment le derriere d'icelle.

Au bas de cefte figure eft vn grand radeau faict de grands & longs bois de fapins, qui en peut auoir, ou d'autre bois à faute d'iceux, fe ioignans l'vn l'autre tout le long tant qu'il eft poffible, puis à trauers d'iceux font autres grands bois ioincts tout au long, & faifant comme vn autre grand radeau mis fur le premier & enclauez enfemble auec pilliers & groffes barres de bois. Ces deux

N

radeaux

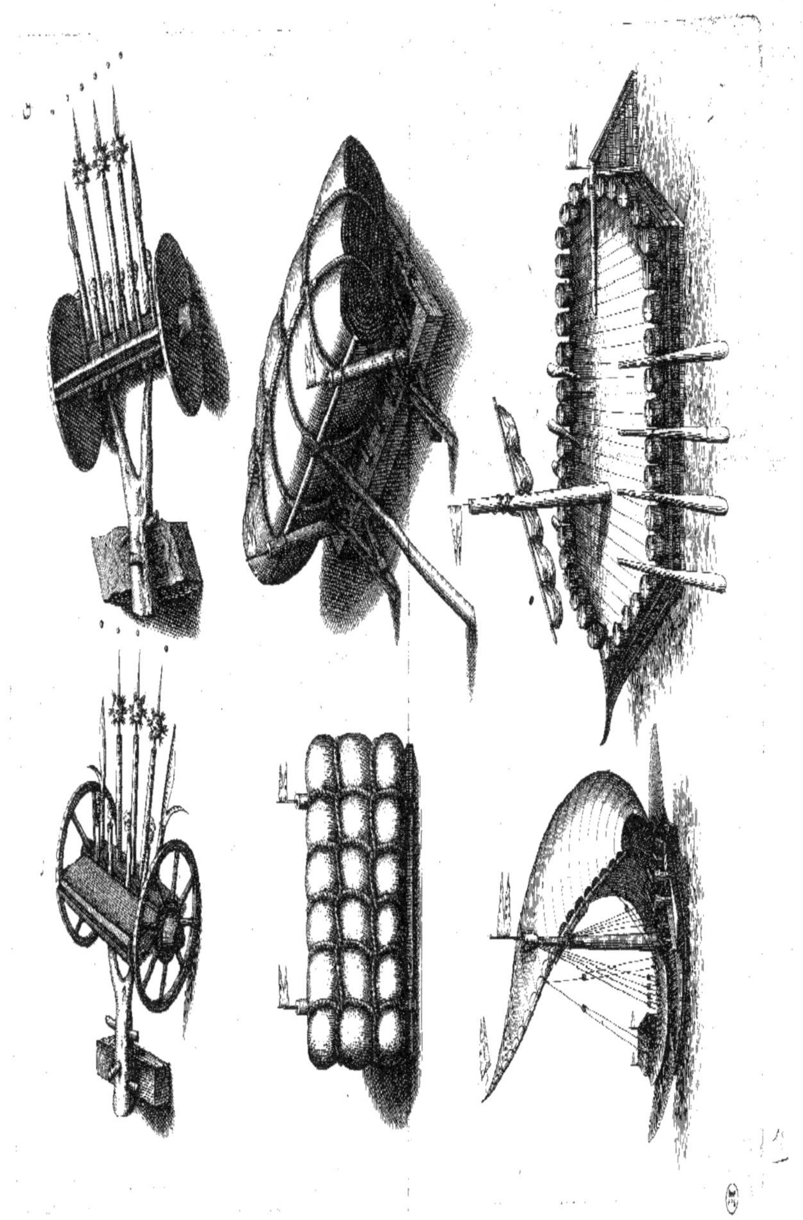

radeaux font diſtans de l'autre en hauteur de ſix pieds, dans laquelle diſtance
ſont grand nombre de tonneaux vuides, mais bien foncey & cloz, afin que
l'eau n'entre dedans. Ce double radeau a ſon gouuernail & auirons ſelon ſa
grandeur pour nager là où on veut. Or ie veux dire qu'il ſemble ne pouuoir pe-
rir, parce que le bois flotte touſiours ſur l'eau. On void tout à l'enuiron d'iceluy
des tonneaux remplis comme on fait les gabions, entre leſquels on peut mettre le canon & fauconneaux ſelon la grandeur pui ſe fait au plaiſir de ce celuy
qui le fait faire, & ſe peut mettre deux ſemblabes radeaux ioincts enſemble &
y faire deſſus telle forterefſe qu'on peut eſtre à ſeureté. Le tout ſe doit baſtir
ſur l'eau à cauſe de la grand peſanteur. Et ſi quelqu'vn diſoit que ce radeau ne
pourroit bien reüſſir, ie le renuoye à Flaue Vegece au premier liure de Iules
Frontin en ſes ſtratagemes 7. chapitre là où il eſcrit de mot à mot, Lucius Cæ
cilius Metellus, à raiſon de ceque l'vſage des nefs à tranſporter ſes elephans luy
defailloient, il fiſt lier des tonneaux emſemble, & les couuirt d'ais & entable-
mens & par deſſus eſtans mis ſes elephans facilement les tranſmit & paſſa ou
tre la mer de Sicile. Cela m'a fait coniecturerque ſans doute le ſuſdit radeau peut
de meſme reüſſit com-me auſſi feroit vne galere, qui auroit ſon fonds de meſme façon. De laquelle & du radeau on void au bas le pourtraict & perſpectiue.

 AINTENANT sortant des villes & fortifications pour aller aux champs & metairies nous trouuerôs en ceste figure vn petit temple quarré contenant 12. toises quatre pieds de long de chacun costé en dehors sans le chlocher, sa muraille a d'espesseur par toute 1.toise, & dedans œuure, il contient 10. toises. 4. pieds de long de tous costez & sa hauteur autant, iusques au t oict, sans y comprendere trois degrez qui sont dehors à rez terre tout à l'enuiron pour y monter. Il n'y a qu'vn seul arc de pierre de 4. pieds d'espesseur, qui soustient tout le milieu du couuert, qui est faict en maniere de berceau, son ouuerture en bas est de 7.toises, tirant du clochier à l'opposite où au pied d'iceluy arc, est la chaire pour faire les prieres & predications. Au dedans tout à l'enuiron sont trois bancs l'vn sur l'autre touchant la muraille en maniere de theatre. Puis les chaires pour les seigneurs & en apres les bancs pour les femmes ayans tousiours belles allees entre deux. Du costé de la chaire à dextre & senestre sont deux petits escaliers quarrez de bois & à iour pour monter sur les galleries qui sont tout à l'enuiron sur lesdits trois bancs. On y monte aussi par deux escaliers qui sont à dextre & senestre dans le clochier & grand portail, au dessus duquel est la chambre pour le consistoire, & plus haut pour le gardien orloge qui fait monstre dehors & dedans le temple. Et tout haut est la campane, sa couuerture est en terrasse, les escaliers ont huit degrez de montee iusques au premier repos qui sont quatre pieds de haut à demy pied pour chachun degré. Le commencement de la montee est du deuant huit degrez tirans contre le temple. Et de ce repos remontant autres huit degrez contre le deuant & encores remontant contre le temple huit degrez sont en tout 24. degrez par trois montees pour venir à plan pied aux galleries qui sont dedans le temple haultes de la terre 2. toises. Les escaliers ont 8. pieds de long au plan dedans couure. Le plan de ce temple & sa perspectiue du dehors & du dedans par le moyen de l'eschelette monstrera le tout. La perspectiue du dedans des bastimens n'a encores esté faicte per aucun, que ie sçache, comme est icy & en toutes les figures suiuantes & neantmoins elle est autant belle & necessaire que celle de dehors.

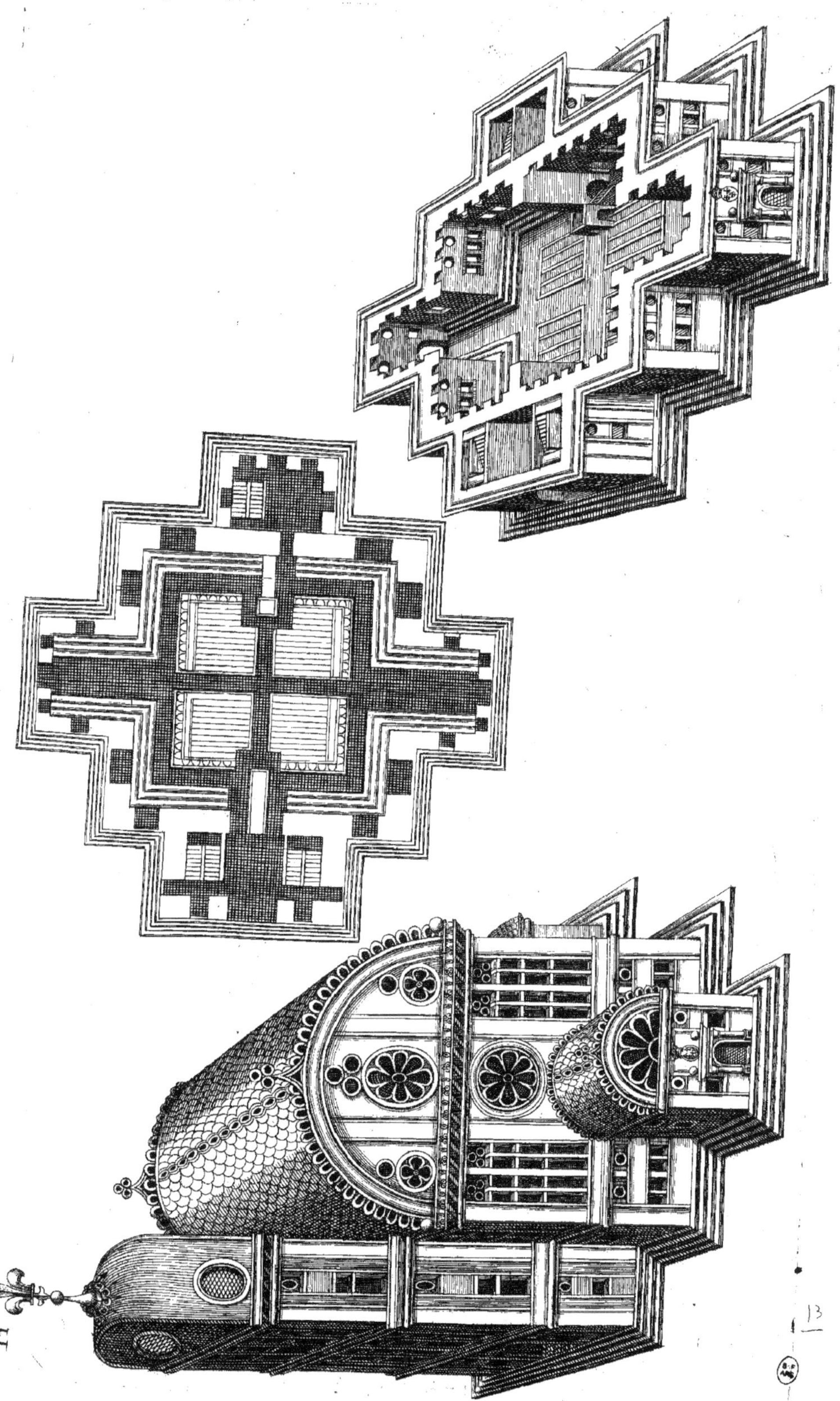
H
13

CESTE figure est le bastiment d'vne metairie, pour tenir les vins, grains & fruicts necessaires en bon air. La face au deuant ade lóg 14. toises en dehors, & de large huit toises. Les murailles ont 3. pieds d'espesseur. Les caues qui sont au dessoubs de tout le bastiment auec les offices ont 5. pieds de monstre sur la superficie de la terre, tant pour le fenestrage que muraille, que aussi pour faire vne porte dessoubs le repos de 10. degrez pour descendre en iceluy, & pour monter à la sale & par tout le bastiment à plan pied. La salle à 7. toises de long dans couure, & 4. toises de large, & 5. de hault, iusques à son grenier. A main senestre d'icelle est vne belle chambre quarree de 4. toises chacun costé, & passant outre sur le derriere est sariere chambre ayant 3. toises de long, & 2. & demy de large auec se garde-robbe luy touchant, ensemble les priuez au coing & des petits escaliers pour monter au dessus de ces petits membres que ie fais tousiours à double estage pour ne laisser rien de vuide ou inutile. A main dextre de la sale est aussi vne chambre ayant 4. toises de long, & 3. toises de large luy touchant sa garde-robbe, cabinet & priuez an coing. L'escalier descent aux caues & cuisine qui sont en bas & monte aux seconds & petits estages, & de là aux greniers tant de la sale que des autres membres. La descente est encores à dextre & senestre par dehors en degrez contre le milieu de la sale au derriere pour aller ausdites caues, cuisine & iardinages. La hauteur des deux chambres sur le deuant est de 3. toises 2. pieds iusques à leurs greniers, lesquels ont par tout beaux fenestrages en lucarnes.

O 3

ESTE figure ſt repreſente vn ſeul pauillon ayant 6. toiſes en quarrure dans œuure, outre l'eſcalier que luy eſt adioinct. Sa muraille à l'enuiron a 2. pieds d'eſpeſſeur, il y a 3. eſtages ſans les caues & greniers. Chacun eſtage a de hauteur 16. pieds, ſon entree eſt au long de l'eſcalier dans vne ſale, ayant 4. toiſes 4. pieds de long, & 3. toiſes de large dans œuure. D'icelle on entre en vne chmbre ayant 3. toiſes & 3. pieds de long, & 3. toiſes de large, y compris la muraille qui eſt entre deux. D'icelle chambre on entre en ſa riere-chambre ayant 2. toyſes & demy de long, & 2. de large, à icelle luy ioinct ſa garde-robbe. Au bout de la ſale, & à l'endroit de l'eſcalier eſt le cabinet, ayant 2. toiſes de long, & vne toiſe & demy de large, le tout dans œuure, y comprenant les petites parois. A chacun des 4. coſtez il y a deux croiſees pour leurs feneſtres, chacune a 5. pieds de large, & 10. hault. Et ſur le derriere à l'endroit de la garde-robbe vne feneſtre large de 4. pieds entre les 2. croiſees également. Au deſſoubs ſe peut mettre la cuiſine & autres offices, car il y a aſſez plachacun de demy pied de hault, & continuë ainſi iuſques à 16. pieds de hault, pour venir iuſtement à plan-pied du ſecond eſtage, qui eſt tout de ſemblable compoſition : & d'iceluy on monte auſſi ſemblablement iuſques au troiſieſme qui ſe pourra faire auſſi de ſemblable compartiment ou autrement comme voudra le ſeigneur qui fait baſtir. Ce pauillon eſt compoſe de moyens membres, afin de faire la moindre deſpenſe qu'on peut, & neantmoins eſt bien commode, comme on peut voir par le plan, la perſpectiue du dedans & du dehors. L'eſchelette auec le compas monſtrera les meſures dutout.

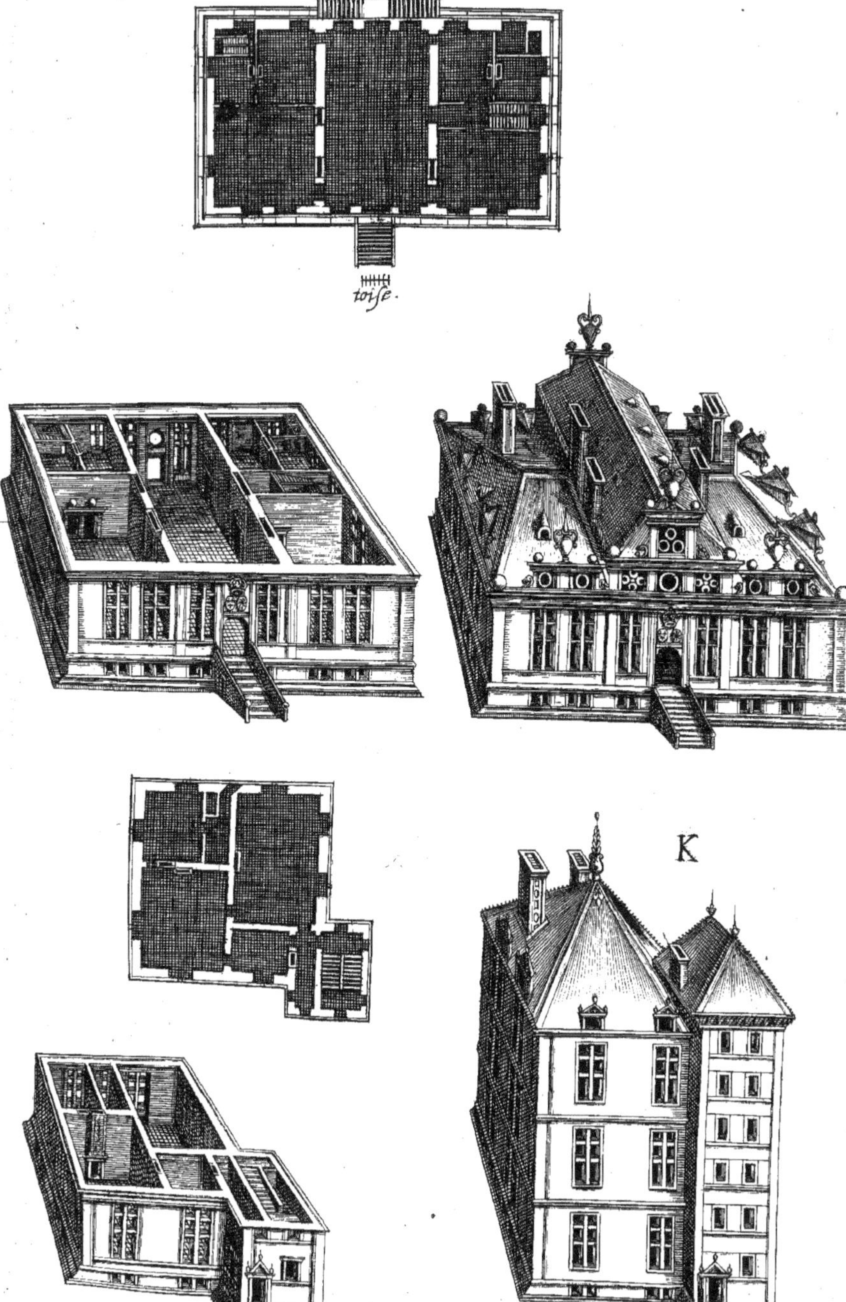

toise.
I
K
14

Este figure est vn moyen baſtimens. Ceſte mayſon a en face
12. toiſes de longueur, & 7. de largeur hors œuure, la muraille
tout à l’enuiró à 3. pieds d’eſpeſſeur. Les caues ſont au deſſoubs
qui ſont faictes à la volonté du ſeigneur, comme auſſi les foſſez & grande platte forme qui eſt deuant touſiours ſelon la ſituation du lieu. Eſtant monté ſur le perron, qui a 6 degrez, on
trouuera deux portes à dextre & ſeneſtre, chacune de 4. pieds de large & 8. de
hault. Et à ſeneſtre de l’eſcalier on entre en vne belle ſale ayant 6. toiſes de long,
& 4. de large dans œuure, & 4. toiſes auſſi de hault, y comprenant ſon planchier. Toutes les feneſtres ſont ſemblables deuant & derriere de 5. pieds de largeur & 15. pieds de hauteur. A la dextre de l’eſcalier eſt vne belle chambre de 4.
toiſes de long & 3. de large & de meſme hauteur que la ſale & eſcalier. D’icelle
chambre on entre en vne riere-chambre, & d’icelle en la garde-robbe où ſont
les priuez ſeparez, & des petits degrez pour monter deſſus ces petits membres
qui ont double eſtage pour grande commodité & ne laiſſer rien de vuide. On
y monte auſſi par l’eſcalier au premier repos qui eſt à 24. degrez là où eſt la porte. Les cheminees ſont au milieu de chacun membre, ayant tous place conue-
nables pour mettre les grands & petits licts oppoſites ſans rien empeſcher.
Eſtant monté au ſecond eſtage on le trouuera tout à plan-pied & tout ſemblable à celuy du deſſoubs de grandeur, largeur & hauteur. L’eſcalier a tous ſes degrez de demy pied de hault, vn pied de large, & vne toiſe de long deça & delà,
le merlon prenant ſon iour deuant & derriere iuſques aux greniers, qui ont
par tout lucarnes, & 4. grands cults de lampe quarrez qui ſe flanc quent l’vn
l’autre, tirant en bas, ſeruans de bonne defenſe auec le mouſquet & harquebuze. Le plan de ceſte maiſon auec ſa perſpectiue du dehors & du dedans par le
moyen de l’eſchelette monſtrera les meſures de tout le baſtiment.

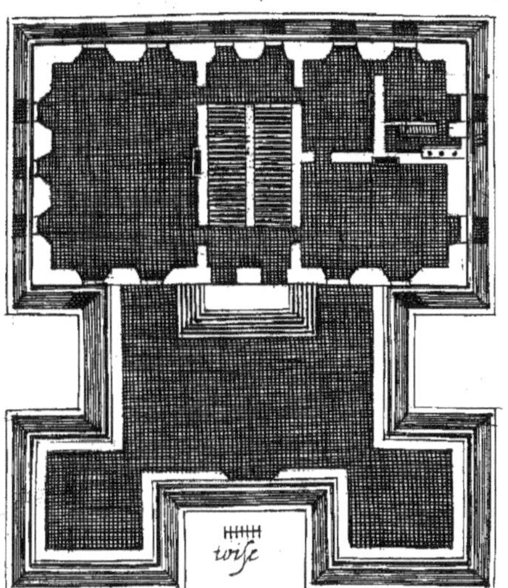

toise

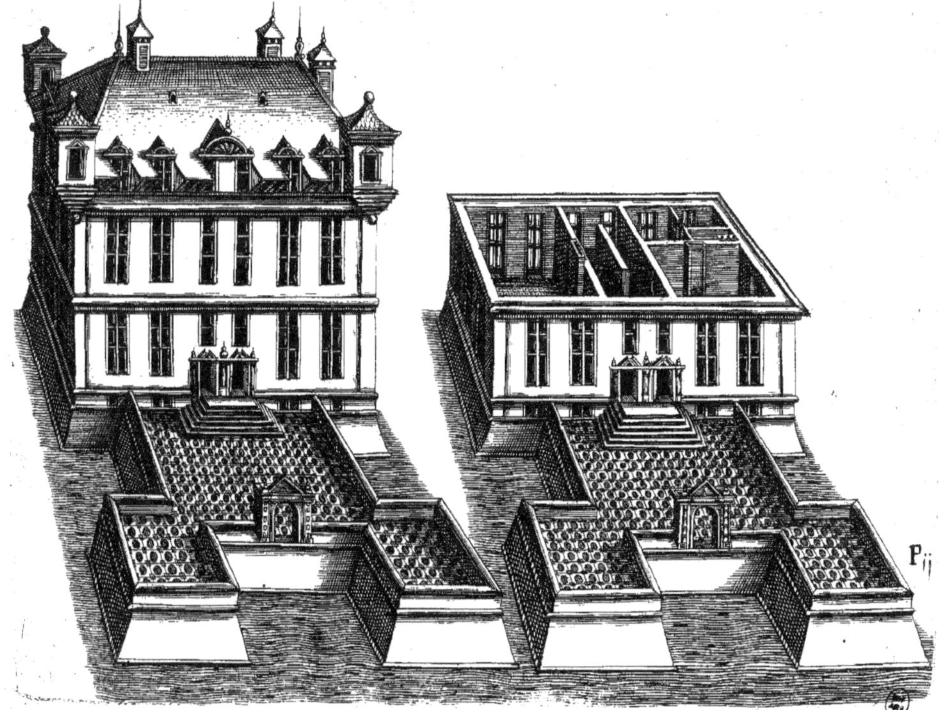

P ij

E A Y eſt vn pauillon ſans foſſez,& au lieu d'iceux eſt vn iardin auec 4. pauillons petits,ſe flancquans &entretenás au dedans par des treillis, le tout enuironné de muraille. Ce pauillon a 10. toiſes de long au deuant par dehors, & 8. toiſes 4. pieds à coſté,La muraille tout à l'enuiron a 4.pieds d'eſpeſſeur, ayant ſes caues au deſſoubs apparoiſſans ſur terre de 2. pieds tant de feneſtrage que muraille.Eſtant monte par le perron,qui a 4.degrez eſt la porte de 5.pieds de large, & 8. de hault. Et à coſté dextre d'icelle on entre en vne grande chambre ou ſalette de 27. pieds de long, & 20. pieds de large & autant de hault, y comprenant le planchier. La chambre qui la ſuit a auſſi 20. pieds d'vn coſté, & 18.pieds de l'autre, & auſſi 20. pieds de hault. Repaſſant par le deuant de l'eſcalier on entre à la feneſtre en vne belle chambre,ayant 22.pieds de long,& 20. de large & autant de hault. D'icelle on entre en la cuiſine, & de la cuiſine plus auant au garde-manger, & à coſté au four, où il y a des petits degrez pour monter ſur ladite cuiſine & garde=manger, qui ont double eſtage pour les commoditez des ſeruiteurs. Ainſi il n'y a rien de vuide demeurant touſiours belle perſpectiue dedans & dehors, ayans trois feneſtrages du tout ſemblables par les trois coſtez, & au deuant deux outre ceux de l'eſcalier. Les feneſtres ont toutes vne toiſe de largeur, & 14.pieds de haulteur. Les chemi-nees ſont toutes en lieu conuenable, afin qu'il y ait touſiours place pour les grands & petits licts oppoſites ſans nul empeſchement. L'eſcalier a 40. degrez iuſques au ſecond eſtage,& 4.repos faiſans 20 pieds de haulteur. Tous les degrez ont 5 pieds de long deça & delà le merlon, & vn pied de large, & demy pied de hault par tout. Eſtát au ſecond eſtage on le trouuera tout au plan-pied & de ſemblable hauteur:à main dextre eſt vne ſale comprenant depuis le deuant iuſques au derriere tout le long ayant entierement le iour de trois coſtez, & deux portes & deux cheminees qui veut. Ayant re paſſé au deuant de l'eſcalier on entre en vne belle chambre, & d'icelle en la riere-chambre, à la garderobbe & cabinet. Remontant au troiſieſme eſtage on le trouuera tout ſemblable à ceſtui-cy, ou comme le deſſoubs, au plaiſir du ſeigneur qui le fait faire.En apres ſont les greniers ayans par tout belles lucarnes. Remontant tout hault de l'eſcalier on trouuera vne terraſſe ſur iceluy pour grande beauté.

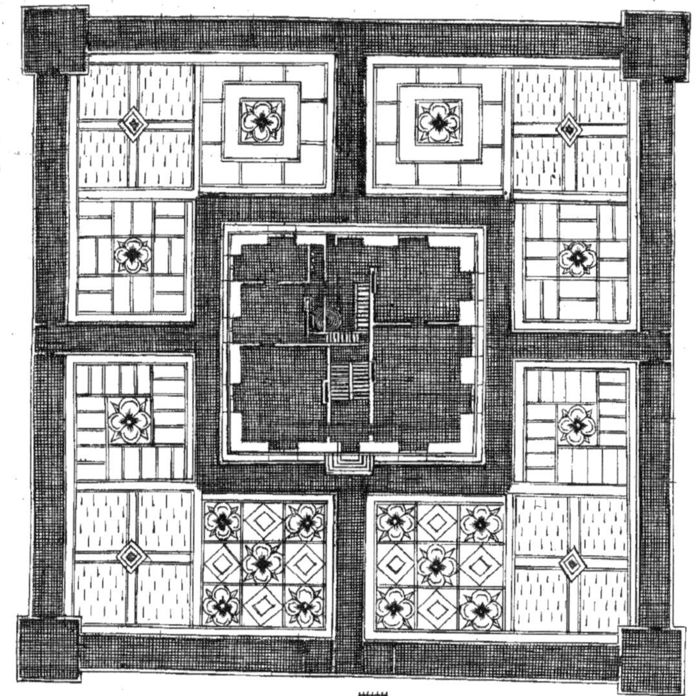

toise.

M

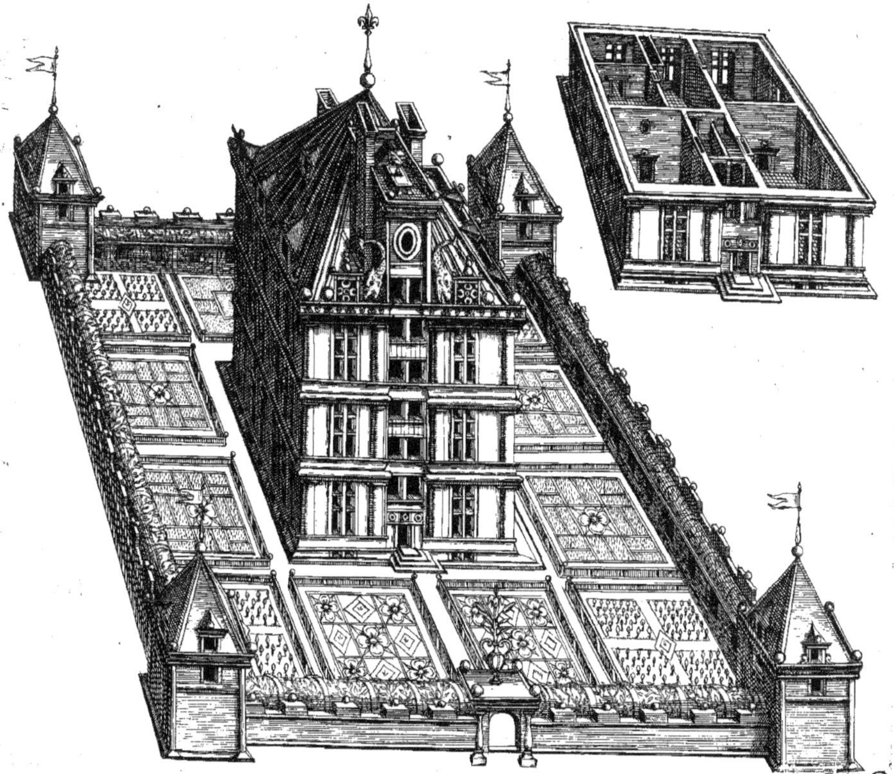

16.

F iiij

LE moien pauillon eſt faict d'vn quarré parfaict ayant de tous
coſtez en dehors 14. toiſes de long. Les murailles qui l'enui-
ronnent ont 4. pieds de large, & celles du milieu qui fouſtien-
nent l'eſcalier 3. pieds. Tout leſcalier a 3. toiſes & demy de largeur dans œuure y comprenant ſon merlon. Il y a deux portes,
à l'entree cachune ayant vne toiſe de large & 2. de haut. Eſtant
entré à main feneſtre on trouuera vne ſale moienne ayant 6. toiſes de long, &
4. de large, deux feneſtres au deuant & deux à coſté: toutes les feneſtres de ce
pauillon ont vne toiſe de large & 3. de hault. D'icelle ſale on entre en vne belle
chambre de 4. toiſes de long & 3. de large, ayant ſa feneſtre au milieu afin que
le grand lict & petit ſoient en lieu conuenable touſiours oppoſites, & que la
table au deuant de la cheminee & le buffet n'empeſchent nullement le paſſage
de la riere-chambre, laquelle a ſa cheminee & lieu ſuffiſant pour mettre grand
& petit licts oppoſites. La garde-robbe eſt de l'autre coſté & de meſme grandeur ayant ſa cheminee & les priuez ſeparez. On peut entrer ſi bon ſemble dedans la chambre par vne porte qui eſt deſſoubs le repos de l'eſcalier, là où il y a
auſſi vne porte pour entrer dedans vne ſalette pour les ſeruiteurs. Et d'icelle par
deux portes à dextre & feneſtre là on veut. Et au feneſtre de l'vne des feneſtres
d'icelle on peut faire vne moienne porte pour ſortir par le derriere aux places
& iardinages qui ſe font à la volonté du ſeigneur à l'enuiron du pauillon, car i'-
entens qu'il y ait des foſſez & pont-leuis. A mai dextre de l'eſcalier eſt auſſi vne
ſemblable ſale, & paſſant plus auant eſt vne cuiſine de meſme grandeur que la
chambre, & paſſant encores plus outre on trouuera le four & fontaine & vn
petit cabinet, & de l'autre coſté ſepare le garde-manger auec vne cheminee, on
peut aller d'vn membre à l'autre à plaiſir comme le plan & perſpectiue le mon-
ſtrent. Si on veut faire la cuiſine & autres membres d'office en bas auec les caues on pourra auoir au lieu d'iceux vne grand' ſale & belle chambre derriere
pour plus grande beauté, car la deſcente ſe fait par l'eſcalier, & en bas il y a aſſez
de place pour tous les offices & les caues. Tout ce premier baſtimēt eſt à plan-
pied ſur les caues. Or il faut entendre que les deux ſales qui ſont à l'entree ont
chacune 4. toiſes de hauteur, mais tous les autres membres en derriere qui
ſont de moyenne grandeur en double eſtage n'ont que 2. toiſes de hauteur &
leur entree ſe fait ſur le premier repos de l'eſcalier qui s'en va ſur la ſalette, laquelle a des petites galeries de tous coſtez pour entrer là où on veut. D'icelle
gallerie on voit le bas la ſalette, ou bien qui veut faire vne ſemblable ſalette, de
laquelle on peut aller par tout à plan-pied ſans cucune gallerie. Cela eſt à la
volonté du ſeigneur, car il eſt faiſable. Ces ſeconds membres ſont de grande
commodité pour les ſeruiteurs rempliſſans par tout le pauillon ſans laiſſer au-
cune hauteur vuide ou ſuperfluë. Et neantmoins la perſpectiue & feneſtrages
demeurēt touſiours belles & dehors & dedans. Le feneſtrage du deuant eſt du
tout ſemblable à celuy du derriere, & celuy d'vn coſté ſemblable à l'autre. L'e-
ſcalier a 24. degrez iuſques au premier repos, chacun deré a demy pied de
hault,

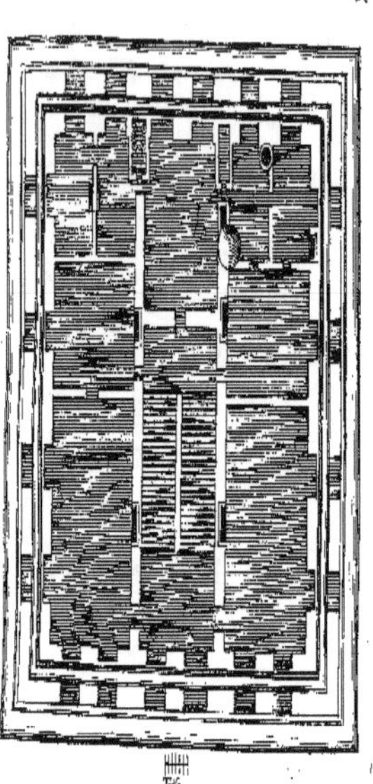
N

Toise

hault, ainſi les 24. degrez font 2. toiſes de hault pour tous les petits membres.
Puis de ce premier repos ſont autres 24. degrez montans contre le deuant iuſques au ſecond repos, qui eſt ſur l'entree des deux portes. Eſtant là on trouuera
tout le baſtiment & ſecond eſtage à plan-pied, comme le deſſous haut de l'vn
à lautre 4. toiſes. A l'entree dorite de ce ſecond eſtage on trouuera vne grande
ſale ou gallerie (comme on le voudra nommer) contenant 12. toiſes de long
depuis le deuant iuſques au derriere & 4. toiſes de large, ayant 4. feneſtres d'é-
gaſe diſtance, & 2. feneſtres deuant & autant derriere. Et ſi ſemble à quelqu'vn
que ceſte ſale ſoit trop longue, on la peut retrancher par vne belle chambre, &
icelle chambre ſeparer en deux membres ſi bon ſemble, le reſte de meurera
bien aire & proportionné, ayant deux cheminees au lóg de l'eſcalier qui veult,
& qui ſont priſes perdiculairement du tuyau des cheminees des membres in-
ferieurs, comme ſont auſſi les autres deux au coſté feneſtre de l'eſcalier, vne au
milieu de la grande chambre, qui eſtoit vne ſale au deſſoubs qui à 6. toiſes de
long, & 4. de large, & l'autre au milieu de la rierre-chambre, & deux autres, l'v-
ne à la garde-robbe, & l'autre au cabinet ſe ioignans en vn tuyau. On peut a-
uoir en eſtage à plan-pied vne petite ſalette derriere l'eſcalier, comme celles
du deſſoubs, ayant ſon entree des petits membres à dextre & ſeneſtre. Ainſi
ſe void clairement que rieu n'eſt vuide en tout ce pauillon, comme i'ay taché
de faire en tous mes autres baſtimens. L'autre troiſiéſme eſtage au deſſus peut
eſtre ſemblablemét baſty iuſques au toiĉt & greniers, ainſi ces 3. eſtages ont
chacun 4. toiſes de hault. Les caues & feneſtres d'icelles auec la fondation ont
3. toiſes de hault, & les greniers auec les barbacanes autant iuſques au toiĉt. E-
ſtant monté au deſſus de l'eſcalier on trouuera vn beau feneſtrage en façon de
Iucarne, ayant ſa terraſſe au deſſus pour vne beaute : & montant plus hault par
vn petit pauillon, lequel prend ſon fondement ſur l'eſcalier & milieu de tout le
baſtiment on trouuera vne grande terraſſe qui racourcit la grand' hauteur de
tout le toiĉt pour vne grande beauté & commodité. Ce petit pauillon prend
ſon iour des lucarnes qui ſont tout à l'enuiron d'iceluy montant à plaiſir par
deſſus ladite terraſſe qui ſert comme de ſentinelle & de belle veuë.

E s t e figure est le bastiment d'vn temple moyen. Ce temple a 13. toises de tous costez en quadrature par dehors, sans y comprendre ses 4. sallies aux 4. costez & 11. toises dans œuure. Sa muraille a vne toise d'espesseur, & les sallies 4. pieds tant seulement, parce qu'elles ne montent gueres hault, il est par tout enuironné de 4. degrez pour les montees par dehors. Et en dedans tout à l'enuiró sont trois degrez ou bancs en maniere de theatre ioignans la muraille, & apres belle allee à l'enuiron. Puis les chaires des seigneurs & place pour les dames, & au milieu les bancs pour les femmes populaires, ayant par tout spacieuses allees pour le passage. Au dessus desdits 3. bancs sont des galleries tout à l'enuiron d'vne toise de largeur ayans ses bancs en la mesme maniere de theatre. Ces galleries sont hautes de terre 20. pieds, on y monte par deux escaliers qui sont au clochier & principal portail à dextre & senestre & aussi par vn escalier, qui est à la sallie opposite au clochier là où il y a vne moyenne vne chambre pour le consistoire. Ces escaliers ont chacun 8. degrez iusques au repos & demy pied de hault, commençant leur montee au deuant par dedans iusques au premier repos, qui touche le temple, puis remontant sur le deuant autres 8. degrez est le second repos, puis de là remótant contre le temple autre 8. degrez, & le troisiesme repos, puis de là remontant encores 8. degrez contre le temple, on entre dedans iceluy à plan-pied sur les galleries, qui sont hautes de la terre 20. pieds, comme dit est. Les escaliers ont 4. pieds de long deça & de là le merló & les repos 4. pieds de large & enuiron 9. pieds de long. I'l le doit continuer tant seulement vn des escaliers du clochier iusques à la campane & orloge, lequel peut faire monstre dedans & dehors du temple & auoir des belles chambres au clochier pour l'habitation du gardien. Ce temple n'a qu'vne seule arcade de pierre espesse de 5. pieds, & large en son ouuerture au dessoubs de 7. toises, au pied de laquelle est la chaire pour faire les prieres & predications, il est autant hault que large par dehors, iusques au toiçt, lequel est faict en maniere de berceau, se soustenant sur ladite arcade & a ses deux costez esseuez de pierre. Le plan, la perspectiue du dedans & du dehors monstrera le tout auec le compas sur l'eschelette.

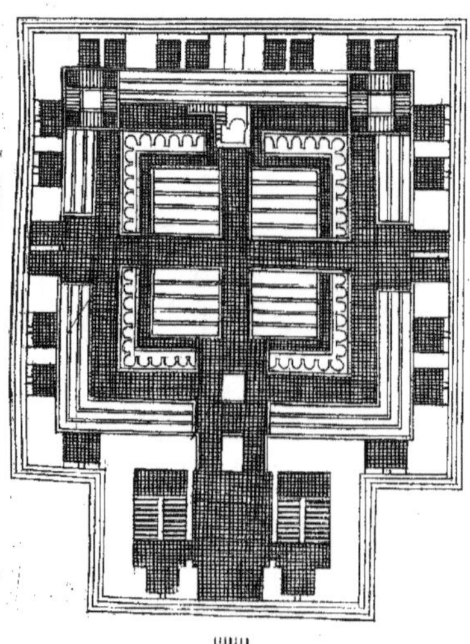

toife.

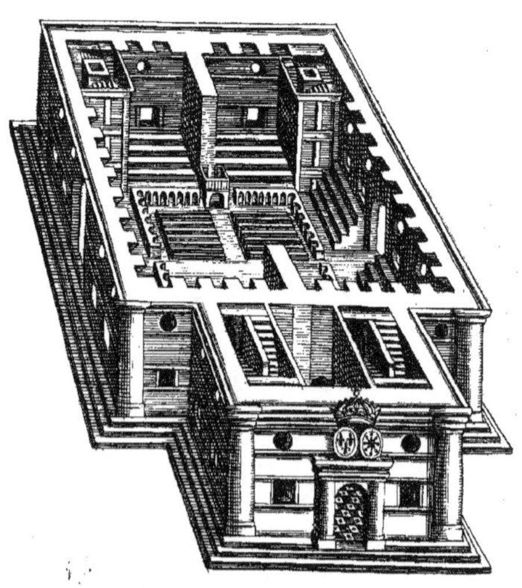

E beau baſtiment eſt compoſé de deux grands pauillons quarrez & vne grand' ſale commune entre-deux. Les pauillons ont 10. toiſes de long de chaeun coſté hors œuure & 8. toiſes en dedans. Les murailles ſont eſpeſſes d'vne toiſe. La ſale à 12. toiſes de long, & 5. toiſes 2. pieds de large dans œuure, & ſa muraille n'a que 4. pieds d'eſpeſſeur, parce qu'elle n'a qu'vn eſtage auec ſes galleries au deſſus. L'eſcalier a 24. degrez iuſques au premier repos, par lequel on entre en vne riere-chãbre, parce que de ce coſté il y a double eſtage auec ſes autres petits membres qui luy touchent. Et de ce premier repos on remonte tirant au deuant autres 24. degrez pour venir au ſecond repos à plan-pied du ſecond eſtage, qui eſt de 4. toiſes de hault comme le deſſoubs, & encores de ce ſecond repos on remonte autres 24. degrez tirant ſur le derriere pour venir au troiſieſme repos, pour entrer dedans les galleries & baſtimens qui ſont à coſté d'iceluy en derriere au deſſus de la ſale, laquelle a 6. toiſes de hault. Puis ledit eſcalier contient autres 24. degrez ſur le deuant pour entrer à plan-pied au troiſieſme eſtage, & de là aux greniers ainſi leſdits pauillons ont 12. toiſes de hauteur, ſans les caues. Les eſcaliers ont vne toiſe de long d'vn coſté, & d'autre vn pied de large & demy pied de hault. La grand' chambre a 5. toiſes de long, & 3. toiſes 4. pieds de large, & 4. toiſes de hault. La riere-chambre a 3. toiſes de long, & 2. toiſes 4. pieds de large & 2. toiſes de hault, comme eſt la hauteur de tous les petits membres de ce coſté, ayant ſa garde-robbe, cabinet & priuez tout ioignant auec des petits degrez pour monter deſſus ſes petits membres qui ont touſiours double eſtage pour la commodité des ſeruiteurs, & qu'il n'y ait rien de vuide. Les feneſtres des pauillons ont toutes 5. pieds de large, & 15. pieds de hault, & 3. feneſtrages aux 3. coſtez du tout ſemblables en belle perſpectiue dehors & dedans. Il y a 4. feneſtres au deuant de la ſale & autãt au derriere chacune d'vne toiſe de large, & 3. toiſes de hault: & ſon portail au milieu au deſſus du perron, qui a 4. degrez. Il y a auſſi vne porte & vn perron à chacun pauillon pour entrer dans iceux ſans entrer dans la ſale. Il y a auſſi au milieu de la ſale ſur le derriere vne porte auec vn petit pont pour aller aux iardinages & des degrez pour deſcendre aux foſſez. Les caues & offices, platte-forme & foſſez ſe feront à la volonté du ſeigneur qui fait baſtir & ſelon la ſituation du lieu.

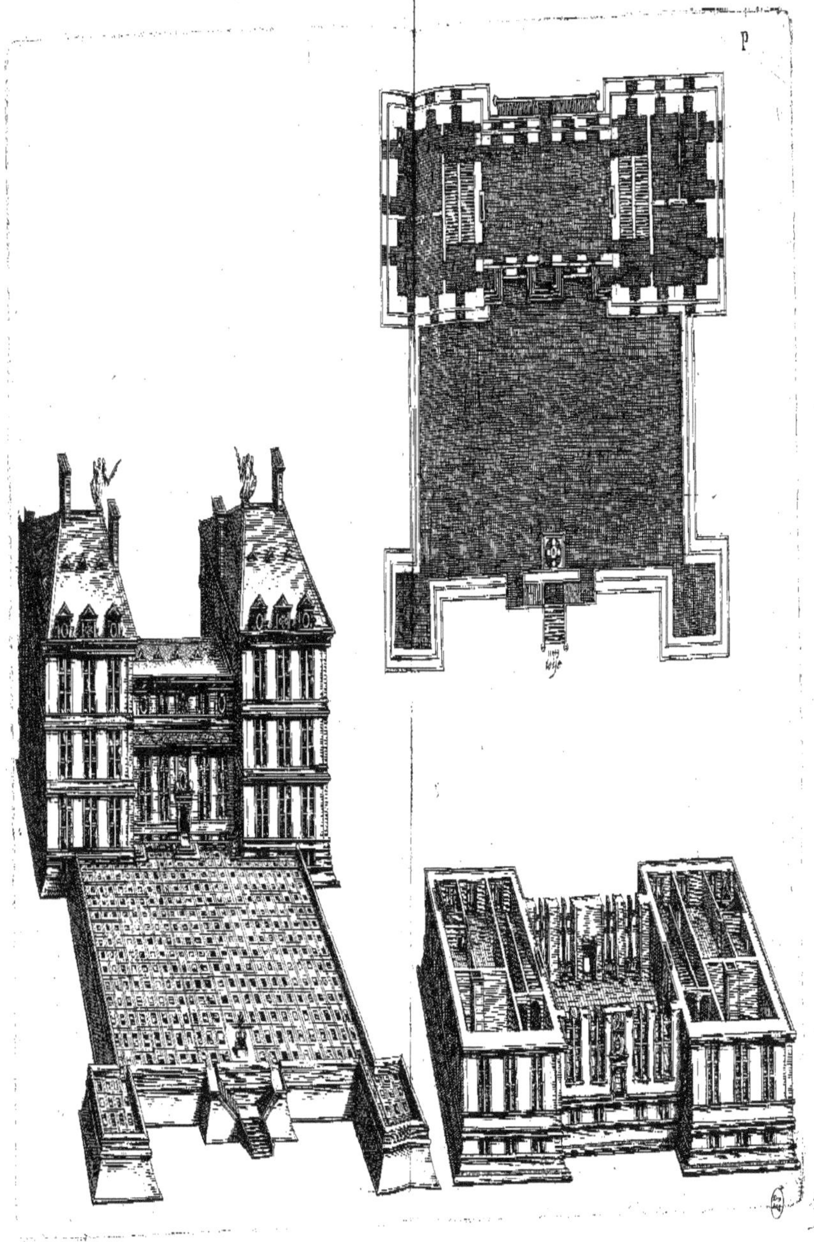

E moyen chafteau eft auffi faict fur vn vray quarre contenant 16. toifes & demy depuis le centre d'vne tour, iufques à l'autre fon oppofite. Les murailles en dehors ont toutes d'efpeffeur 3. pieds, & celles du grand pauillon 4. parce qu'il eft plus hault que tout le baftiment. L'entree eft par vn pont-leuis fur le foffé, la grand' porte a 9. pieds de largeur, & 12. de hauteur. Eftant vn peut auancé on trouuera à main feneftre vne porte pour entrer dedans la chambre du portier, & ioignant icelle eft la place pour tenir le coche. Et à main dextre eft la chambre pour repofer les furuenans, & y faire vn poiffe, qui voudra, pour l'hyuer, car auffi le four la touche. Toute cefte premiere entree n'a que 2. toifes de largeur dans œuure, comme auffi la grande gallerie à main feneftre, laquelle auec le baftiment comprend la cour du milieu en quadrature, laquelle a de chacun cofté 9. toifes. La gallerie a 4. grands arcades en dedans pour grande beauté & par dehors des feneftrages, lefquels entre deux croifez ont demy croifee: car c'eft la plus plaifante veuë, quand on la peut obferuer fans incommodite. Cefte gallerie & premiere entree doiuent eftre faicts au deffus en terraffe, afin que tout le baftiment du chafteau aie tant plus belle veuë & bon air. On peut monter fur lefdites terraffes par les degrez qui vont enuironnant le dedans de la mi-tour à main feneftre ou bien par le grand efcalier. Ayant trauerfé ladite court, & venant au grand pauillon on entre en vne place de l'efcalier prennant fon iour par le deffus de la porte & à main feneftre on entre en vne fale ayant 30. pieds de long, & 20. de large dans œuure, & autant de hauteur, que de largeur, comme cela fe doit faire tant que l'on peut. Tout le baftiment de ce chafteau eft de cefte hauteur iufques au fecond eftage, excepté les moyens. Cefte fale a quatre feneftres oppofites, & cefte oppofition fe doit toufiours faire quand on peut auoir le iour à plaifir pour vne finguliere beauté. Toutes les feneftres ont vne toife de largeur & 2. de hauteur, excepté les pauillons & quelques petits membres qui ont leurs feneftres felon leur proportion. Paffant de cefte fale par vne petite allee qui a fon feneftrage, on entre en vne belle chambre cube de 20. pieds en quarrure, ayant 2. feneftres de 2. coftez & lieu côuenable pour mettre les grand & petit licts oppofites comme il fault. A cefte chambre eft fa riere chambre que luy touche au milieu de fale & d'elle. De cefte chambre grande on entre en vne tour qui fert de garde-robbe ayant dedans œuure 10. pieds de diametre auec vne cheminee & double eftage à caufe de fa grande hauteur, auquel on y va par dets petits degrez pour fe feruir de priuez & autrement. Encores d'icelle chambre on entre en vn cabinet qui eft pres de la gallerie & qui fert de grande commodite. Reuenant à l'efcalier on entre de front en vn membre feruant au commun, ayant vne cheminee & 30. pieds de long & feize de large, & prés diceluy bien ferré & caché font les priuez communs. Si la porte de ce membre femble eftre trop prés ou en veuë, on la peut mettre tant auant qu'on voudra au deffoubs de l'efcalier, au deuant duquel on entre en vne belle falette pour le manger du com-

T

mun, &

mun, & d'icelle en vne grande cuifine & d'icelle cuifine en vn petit membre
pour le four & tout au prés la fontaine & garde-manger auec des degrez pour
monter au deſſus de cẹs petits membres, qui ſont à double eſtage à cauſe de la
hauteur, & qui ſeruent grandement aux ſcruiteurs. Puis reuenant à l'eſcalier &
montant par 20. degrez iuſques au premier repos on entre dans vn ſemblable
membre qu'eſt le deſſoubs. Eſtant ſeparé en 2. il ſeruiroit pour tenir les armes
& la librairie. Plus remontant autres 20 degrez on paruient au ſecond eſtage à
plan-pied de tout le baſtiment & des terraſſes, car chacun degré n'a que demy
pied de hauteur(comme ie fais en tous mes baſtimens.)Du repos d'eſcalier on
peut aller droit, & à coſté par les petites galleries aux terraſſes. Sur la grand porte on void comme vn petit membre, c'eſt pour regarder les ſuruenans à couuert & y tenir l'orloge & auſſi que deux cheminees venant d'en bas paſſent à
dextre & ſeneſtre d'iceluy. Ce ſecód eſtage peut eſtre faiĉt comme le deſſoubs
iuſques au toiĉt & greniers qui ſont faiĉts par tout l'enuiron à lucarnes. Puis
defaillant l'eſcalier, eſt fondé ſur iceluy vn viret comme vn cul de lampe, par
lequel on entre en vne grand'ſale cube de 5. toiſes de chacun coſté & autant de
hault auec ſa cheminee, prenant le iour de 4. coſtez. Puis remontant par ledit
viret on entre ſur la terraſſe de ce grand pauillon, ayant ſa table au milieu, &
encores remontant tout hault eſt la ſentinelle couuerte.

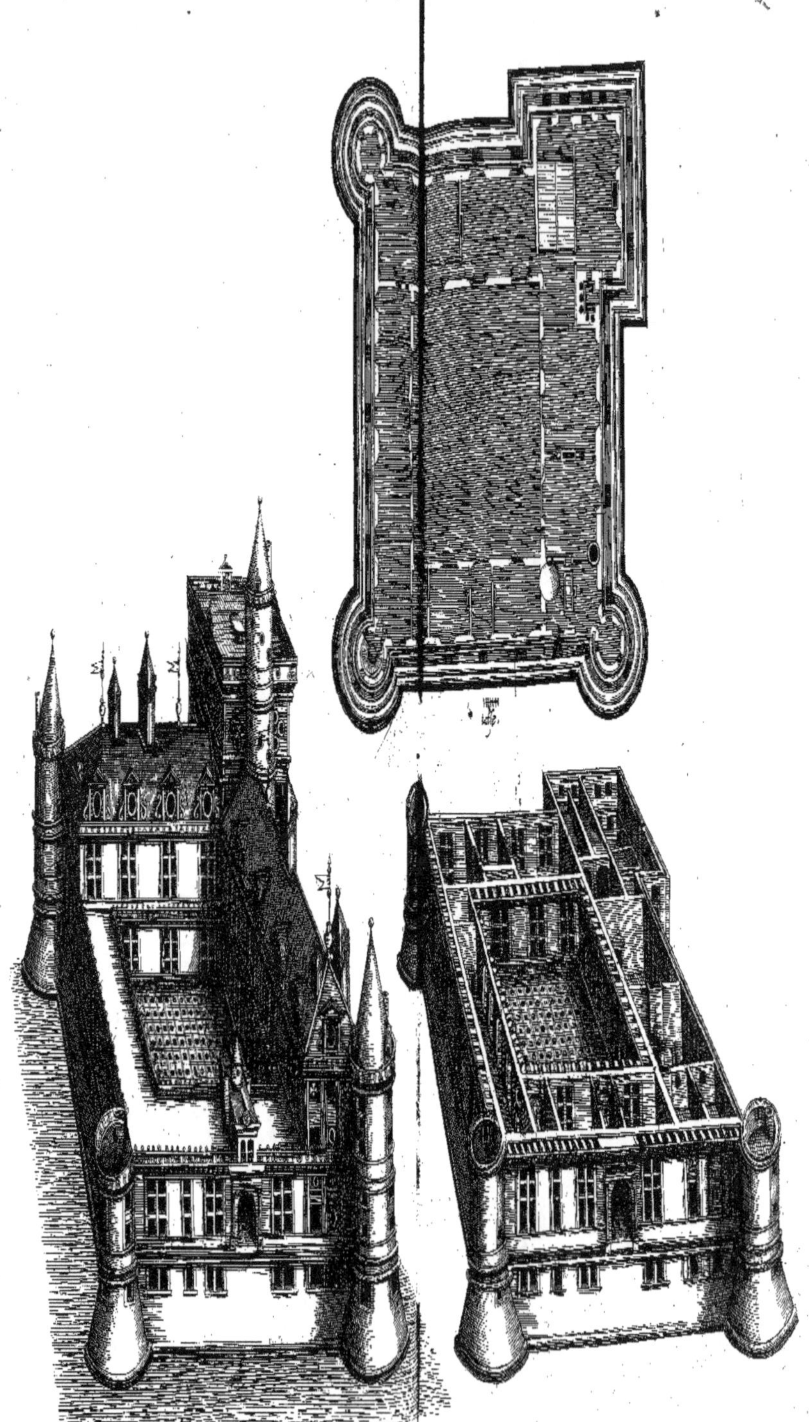

Ecy est vn bastiment plus grand pour vne autre metairie, ayant des galleries à couuert deuant & derriere & la grand sale
au milieu. La face au dehors a 18. toises & demy de long & de
large 9. toises 4. pieds. Les murailles tout à l'enuiron ont d'e-
spesseur 2. pieds & demy. Les caues, cuisine & autres offices
qui sont en bas apparoissent sur la superficie de la terre de 6.
pieds, tant pour leur fenestrages que muraille, que aussi pour faire vne porte
au dessoubs du repos des degrez pour descendre ausdites caues & offices, &
monter dans lesdites galleries & en tout le bastimend à plan pied. Il y a 12. degrez en dehors pour monter ausdites galleries. Lesquelles ont cachune deux
toises de largeur dans œuure & huit toises de long auec la muraille, & 5. toises
4. pieds de hault. La sale a aussi 8 toises de long, 4. toises de large y comprenant
les murailles, & 6, toises de haut iusques à son grenier : elle a à dextre & senestre
deux escaliers semblables pour monter au dessus des petits membres qui sont
tousiours à double estage, & de là les escaliers montent à tous les greniers &
descendent iusques aux caues & autres offices. Il y a aussi descente ausdites caues & cuisine sur le derriere par des degrez à dextre & sinistre au droit du milieu de la gallerie. Les grandes chambres du deuant ont chacune 4. toises en
quarrure, & de hauteur aussi 4. toises iusques à leurs greniers y comprenant
leurs planchiers. Et outre passant l'escalier est leur riere-chambre, ayant chacune 3. toises de long, & 2. toises de large, ayant aussi chacune sa garde-robbe &
priuez au coing tout touchan. On trouuera par toutes les chambres commodité pour mettre grand & petit licts opposites. Au dessus tu grand toict de
la sale sont deux grandes lucarnes pour bailler iour aux greniers d'icelle, car elle a assez grand iour se prenant deuant & derriere des deux grandes arcades des
galleries qui ont chacune 16. pieds de large, & 1. toises 4. pieds de hault sans le
portail.

Ie laisse à la discretion du Seigneur de faire la grandeur de la cour, iardinages & vergiers & autres bastimens necessaires, lesquels doiuent estre tousiours
clos seurement selon la commoité du lieu où on bastit.

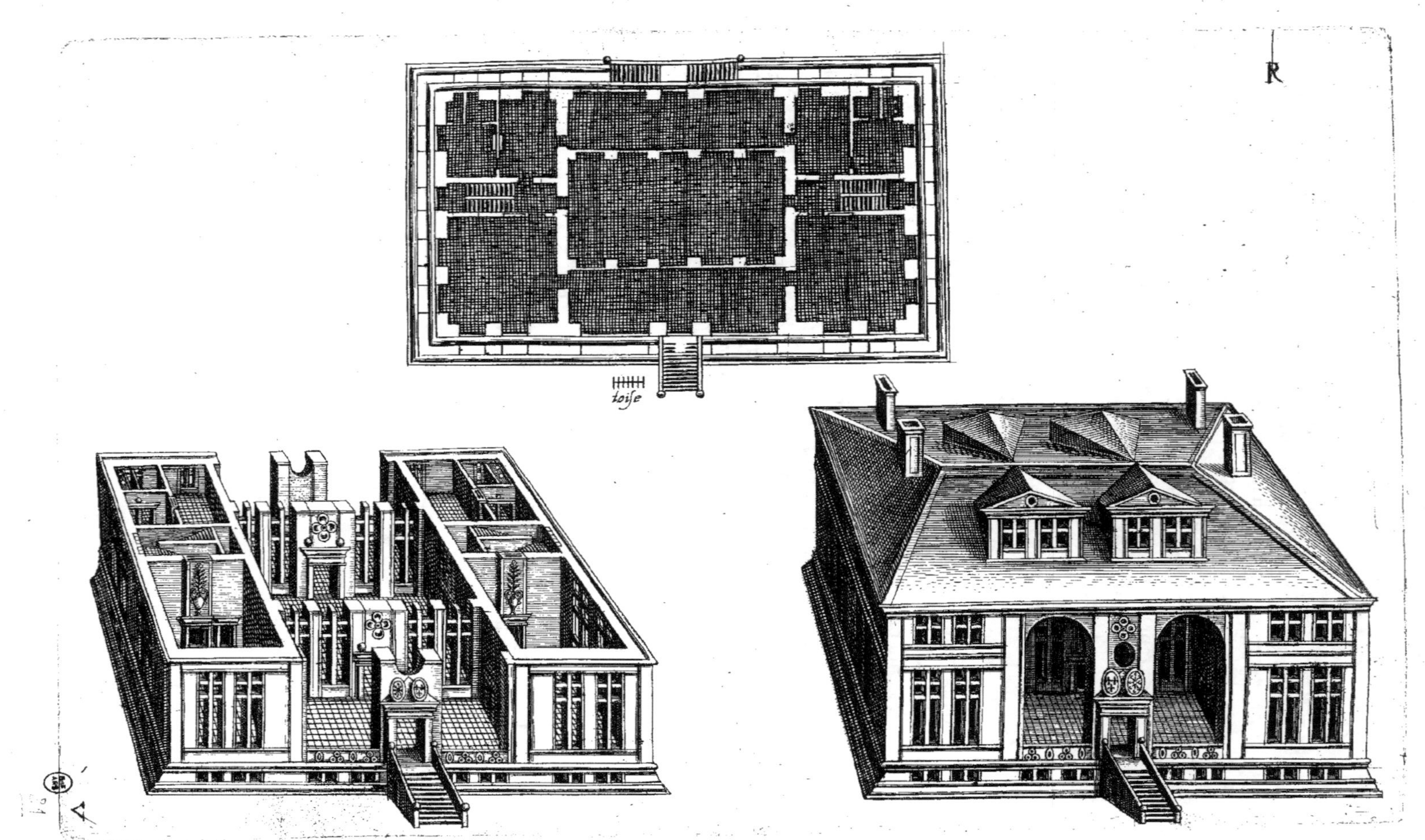

R
toise

ESTE figure est vn moyen chasteau quarré, sa muraille tout à l'enuiron a 3. pieds d'espesseur, les deux grands pauillons sont du tout semblables, chacun composé d'vne grande chambre, ayant 4. toises & demy de long, & 3. toises & demy de large dans œuure, ayant sa riere chambre qui luy ioinct, laquelle a 3. toises vn pied de large, comme a aussi le cabinet que luy touche tout au long. D'icelle riere-chambre on entre en vne grande garde-robbe hors des pauillons au bas bastiment, ayant 3. toises en quarrure. Les sales qui sont l'vne sur l'autre au milieu & communes audits pauillons, ont 6. toises de long & 4. toises de large dans œuure, ayans à leurs 2. bouts 2. escaliers du tout semblables. Les montees d'iceux commencent par le deuant douze degrez iusques au premier repos, duquel on monte contre le deuant autre douze degrez. Et du second repos on remonte encores autres douze degrez tirant sur le derriere, là où est le repos pour entrer en la grand'sale à main droite & à main gauche en la grande chambre, & d'icelle aux autres membres. Ces trois montees comprennent 18. pieds de haut. Car tous les 3. estages de ces 2. pauillons ont chacun 18. pieds de hault, & à raison de demy pied pour chacun degré de hault, comme dit est. La sale d'embas n'a que 18. pieds de hault, pour venir à plan-pied à celle de dessus & des grandes chambres des pauillons. Mais la sale du dessus a 22. pieds de hault, & en apres sont les greniers & chambres des officiers ·Au dessus & defaut des escaliers sont 2. petits virets pour monter aux greniers des pauillons contre le milieu d'iceux.

La cour qui est au milieu a 11. toises de long, & 9. toises 4 pieds de large. Au costé senestre d'icelle est la cuisine & le four toignāt le grand bastimēt, & en apres sont des priuez cachez & par vne petite allee on entre en vne chambre pour le commun. Et apres est vne chambre seruant de riere-chambre à la sale ou chambre grāde, qui est au pauillon du deuant qui a deux estages de 18. pieds de hault, comme ont aussi tous les autres membres, qui sont iusques aux pauillons qui n'ont qu'vn estage. A main droite de la cour est la garde-robbe dessus mentionnee: en apres suit vne chambre pour les suruenans messagiers. Puis apres des priuez communs, & de suite des escaliers pour monter au dessus du pauillon qui sert comme de chambre couuerte, & pour aller d'illec sur la terrasse qui est sur la gallerie tout au long de la court sur le deuant, là où est l'entree de la grande porte au milieu, à main senestre de laquelle il y a des petits escaliers pour monter sur ladite terrasse. Et à main dextre est vne petite chambre pour le portier, le couuert desquels sont en terrasse à plan-pied de la terrasse de la gallerie qui leur touche La cuisine & les autres offices pour grande commodité peuuent aisément estre faicts au plus bas auec les caues: car il y a assez lieu pour faire le tout, & y tenir le vin & le bois. Le plan, la perspectiue du dedans & du dehors monstrera la mesure de tout le bastiment auec le compas.

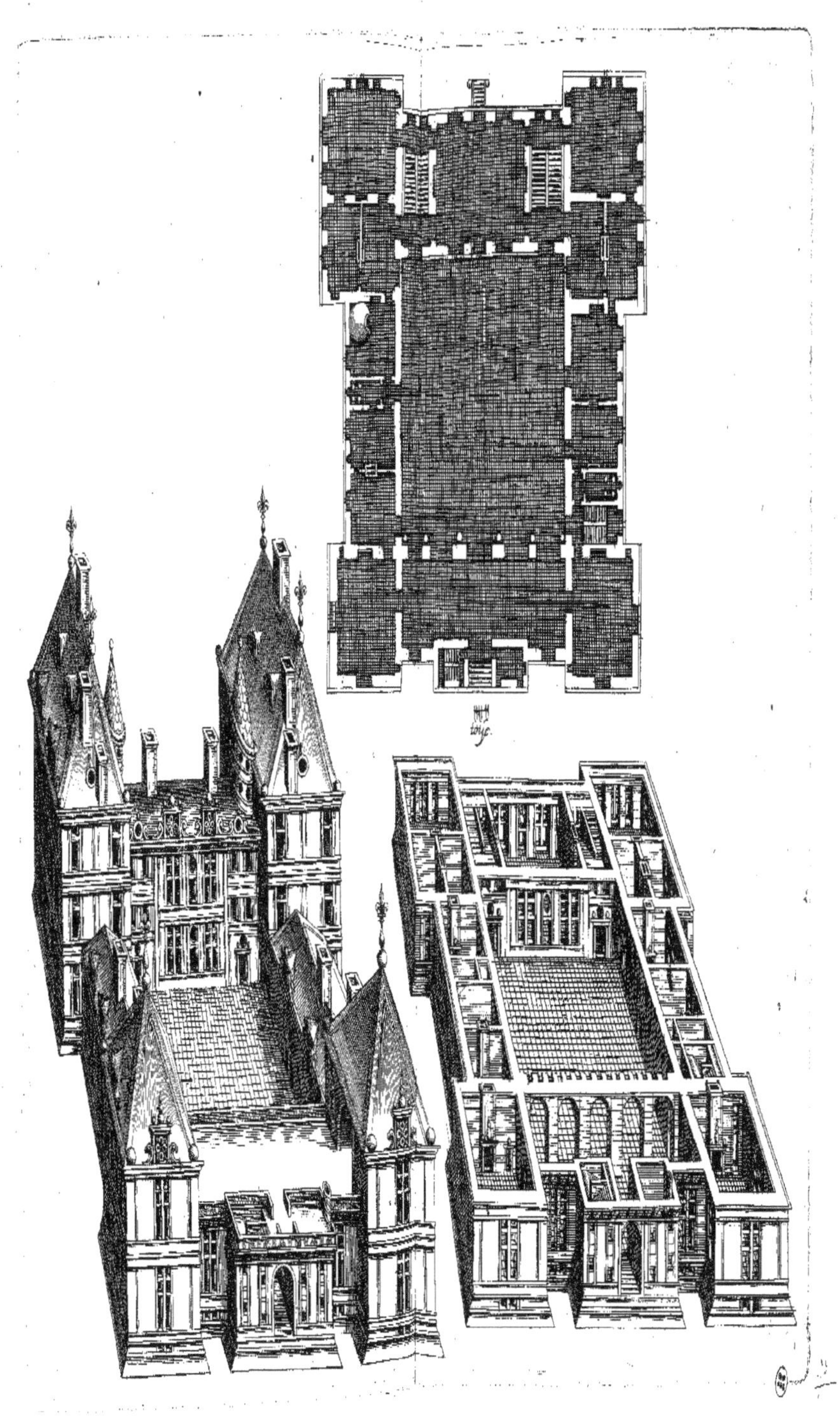

A reprefente figure eft vn autre moyen chafteau quarré. Sa muraille à l'enuiron eft de 4. pieds à caufe des terrafles en arcades qui font aux 3. coftez de la cour. Tout le grand baftiment fur le derriere eft de 3. eftages, & chacun eftage a 20. pieds de hault. La fale a 6. toifes de long, & 4. toifes & demy de large dans œuure. D'icelle en outre-paffant l'efcalier à main droite, on entre en la grand' chambre qui a 3. toifes 4. pieds de long, & 3. toifes vn pied de large. Et d'icelle on entre en fa riere-chambre, qui a 3. toifes 4. pieds de long, & 2. toifes 3. pieds de large, la muraille entre fes deux chambres eft comprife dans leurs mefures. Icelles chambres ont chacune leurs forties en vne paffage qui vient de la fale par deffoubs le repos de l'efcalier, & entre au pauillon où eft la garde-robbe & cabinet, & auffi l'efcalier pour monter & defcendre où on veult, car ces petits membres ont double eftage. Ce paffage a enuiron 5. pieds de large tout au long des deux chambres, ayant 2. feneftres du tout femblables de la fale pour belle perfpectiue. L'autre pauillon à main gauche de la fale eft tout de mefme que ceftui-cy, là où il y a vne petite chambre & defpence. L'efcalier eft large de deux toifes, y comprenant fes murailles, montant par 20. degrez, iufques au premier repos, puis remontant contre le deuant autres 20. degrez on entre à plan-pied par tout le fecond eftage, & femblablement en remontant de mefme on entre au troifiefme : car les degrez n'ont tous que demy pied de hault. Et finalement on monte au cabinet de l'efcalier & en la terrafle au deffus par des petits degrez. Toutes les feneftres de ce baftiment ont vne toife de large, & 2. toifes 2. pieds de hault. Mais les 2. qui font à cofté de l'vne des cheminees de la fale n'ont que 4. pieds de large, comme celle du garde-manger. De la fale on entre en la cuifine où eft le four, ayant 2 toifes & demy en quarré, & luy ioinct le garde-manger, ayant 10. pieds en quarrure, & à fon cofté eft vn petit paffage pour entrer en vne chambre pour le commun. Et d'icelle on entre en vne peu plus grand' chambre pour les furuenans : & d'icelle on entre encores en vne riere-chambre qui eft dedans le petit pauillon du deuant, là où il y a des efcaliers des priuez, l'efcalier monte fur la grande terrafle, & au fecond eftage de ce petit pauillon qui n'a que 10. pieds de hault, finõ qu'on face fa couuerture en berceau. L'autre pauillon à main droite eft tout de mefme que ceftui cy, qui eft pour la chambre du portier, ayant fon efcalier commun pour monter fur la terrafle : à laquelle on va auffi de la fale au deffus, & de la riere-chambre auffi. La cour a 8. toifes de long, & 6. de large : & les galleries dans œuure 2. toifes & demy qui font couuertes en terrafle à plan-pied de tout le baftiment fans aucun empefchement. L'efchelette monftrera les mefures du tout.

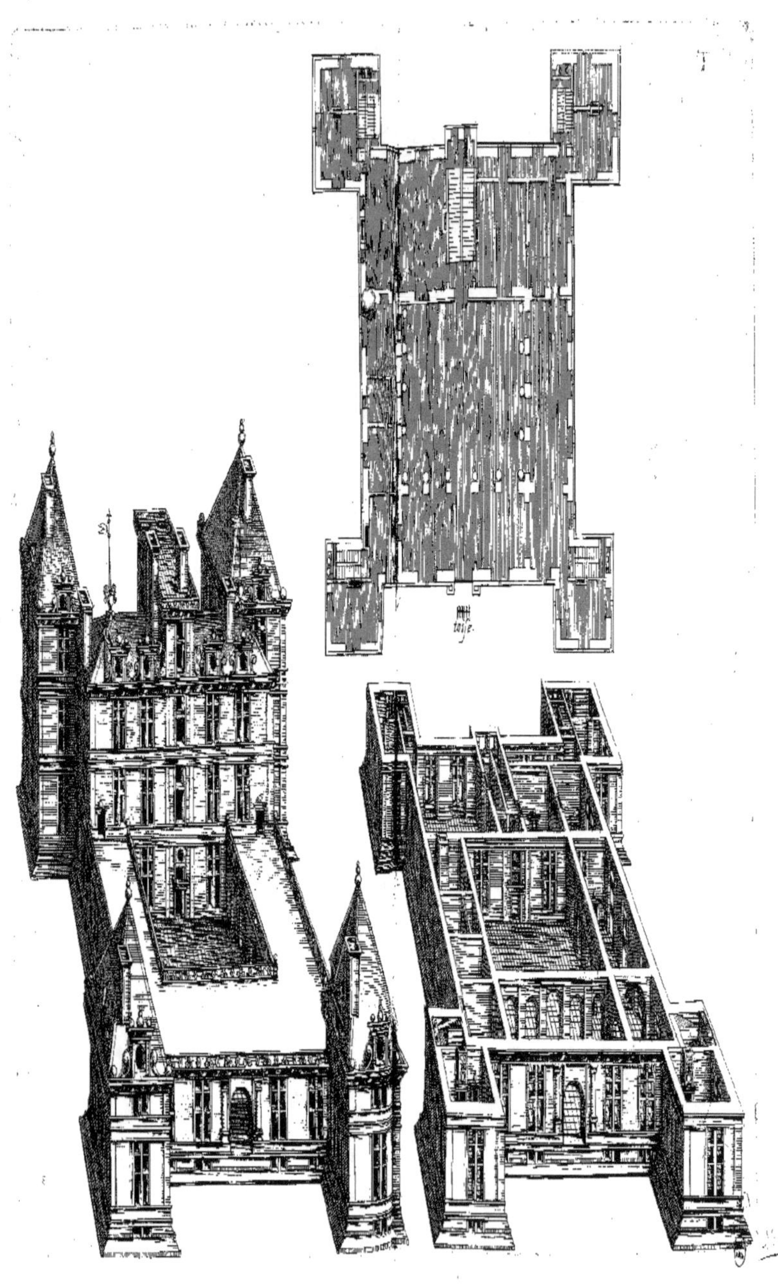
toise.

E grand chasteau seroit suffisant pour loger quatre grands sei-
gneurs à leur aise, aians vn chacun à part vne grande sale, anti-
chambre, grand chambre, riere-chambre, garde-robbe, cabinet & gallerie, auec la grand cuisine, four, fontaine, garde-
manger & autres petits membres à duoble estage pour les ser-
uiteurs. Et c'est outre 4. autres logis sur le dessoubs du bastiment. Ayant passé le fossé & pont-leuis on trouuera au portail deux petits pauillons à dextre & senestre, seruans de cabinets, & aussi au portier: & vn peu
plus auant aussi à dextre & senestre deux petits escaliers de mesme grandeur
pour monter sur la porte en la chambre du portier, & au dessus en la terrasse,
où il y a deux moyennes colomnes creuses, l'vne pour sauuer la cheminee de
la chambre du portier, & l'autre seruiroit de silindre & orloge, estans de bronze seroient tant plus belles, car elles sont mises sur la muraille, qui monte depuis le fonds du bastiment. Puis on entre en la grand'court, ayant 22. toises de
long, & 19. de large enuironnee de galleries aux 3. costez, & au quatriesme sont
les sales, tellement qu'on peut aller pout à l'enuiron à couuert sans entrer nullement dans les membres particuliers, fors que des sales. Sur le dehors de ces
galleries sont les petits membres à double estage pour les officiers & offices, &
au dedans sur la court sont grandes arcades auec beaux pilliers & des grands
fenestrages entre deux seruans d'appuy aux regardans & pour vne plaisante
varieté. Le dessus d'icelles galleries est faict en terrasse pour grande beauté &
commodité pour entrer en tous les membres particulierement, encores que
par le dedans on entre à tous de l'vn à l'autre. La muraille à lenuiron a 4. pieds
d'espesseur, & celle des pauillons 5. Venant à l'entree du grand bastiment on
void à la dextre & senestre des portes, 2. petits escaliers montans au plus hault
pour grande commodité. Et au derriere sont 2. petits cabinets de mesme grandeur & hauteur que les escaliers. A la dextre du grand escalier on entre en vne
grand sale, ayant 7. toises & demy de long, & 5. de large, & 5. de large, & 4. toises
& demy de hault, comme ont tous les membres des pauillons. La sale à 4. fenestres opposites & 2. cheminees: d'icelle on entre en l'anti-chambre qui est
dedans le pauillon, ayant 4. toises & 4. pieds de long, & 3. toises 2. pieds de large
auec vne grande fenestre. Et luy touche vn autre membre dans le pauillon, ayant 4. portes, tant pour la gallerie, sale, anti-chambre que riere-chambre pour
grande commodité prenant son iour par vne fenestre sur la court. D'icelle on
entre en la grande chambre, ayant 4. toises 4. pieds de long, & 4. toises 2. pieds
de larrge auec 2. fenestres aux deux costez. D'icelle on entre en la riere-chambre, ayant 4. toises 4. pieds de long, & 3. toises 3. pieds de large. D'icelle on entre
en la garde-robbe, qui n'est comprise dans le pauillon, ayant 3. toises & demy
de long, & 3. de large auec ses priuez qui sont cachez dedans l'espesseur de la
muraille. D'icelle on entre au cabinet, ayant 3. toises & demy de long, & 2. &
demy de large. Puis on entre en vn escalier pour grande commodité: en apres
est vne grande cuisine de 3. toises & demy en quarrure, & la fontaine est au des-

soubs

ſoubs de l'eſcalier. En apres ſuit le four & empaſterie au deſſus. Et en apres ſont les priuez du commun cachez par diuerſe entree. Puis reuenant ſur le deuant eſt vn moyen pauillon à deux eſtages, chacun ayant de long 5. toiſes, & 4. & demy de large, & autant de hault pour vne grande chambre ou ſalette. Et en apres ſuit ſa riere-chambre, ayant 3. toiſes & demy de long, & 2. de large, & finalement luy continue ſon garde-robbe ayant 3 toiſes & demy de long, & 2. de large. La largeur des galleries à coſté eſt de 2. toiſes & demy & celle du deuant de 3 toiſes.

    Toutes les meſures de ce grand baſtiment ſont compriſes dans œuure, ayans de hauteur 4 toiſes 3. pieds iuſques au ſecond eſtage à plan-pied, y comprenant leurs planchiers. Mais les petits membres qui ſont à double eſtage, n' ont que 13. pieds & demy de hauteur auec leurs planchiers. Les feneſtres des grands membres ont 7. pieds de large, & 18. de hault, les petits mébres moins, ſelon leur grandeur. Neantmoins tous les feneſtrages ſont à niueau & perpendicle en la plus belle perſpectiue. L'eſcalier a 18. degrez iuſques à ſon premier repos. Et d'iceluy remontant vers la porte autres 18. Et de là remontant encores ſur le derriere autres 18. où eſt l'entree de la ſale, chacū degré a demy pied de hault: ainſi ſont 27. pieds pour 54. degrez iuſques audit ſecond eſtage. Le degré à vn pied de large, & 9. pieds de long, à dextre, & autant à ſeneſtre du merlon. Ainſi il y a 3. toiſes de largeur, ſans les murailles pour tout le contenu de l'eſcalier. En ces murailles ſont les cheminees des ſales comme ſont les autres deux aux murailles des antichambres.

    Tout ainſi qu'on void à ſeneſtre le baſtiment de ce bas logis & premier eſtage, ainſi en faut eſtimer de celuy qui eſt à dextre, tout le baſtimēt du ſecond eſtage au deſſus contenant & reſpondant comme le deſſoubs.

    Remontant par l'eſcalier du ſecond eſtage aux greniers, qui ont tous belles lucarnes deuant & deriere, & allees ſeparees à dextre & ſeneſtre on entre au troiſieſme eſtage des deux grands pauillons de meſme hauteur que les deſſoubs. Et par les virets en forme ſeule de lampe d'iceluy troiſieſme eſtage on monte aux terraſſes deſdits pauillons, & d'icelles encores plus hault aux ſentinelles. Et reuenāt à leſcalier on remōte vn eſtage plus hault que tous les autres, où on verra vn plaiſant cabinet prenant ſon iour de tous coſtez, ayant aux 4. angles 4. autres petits cabinets.

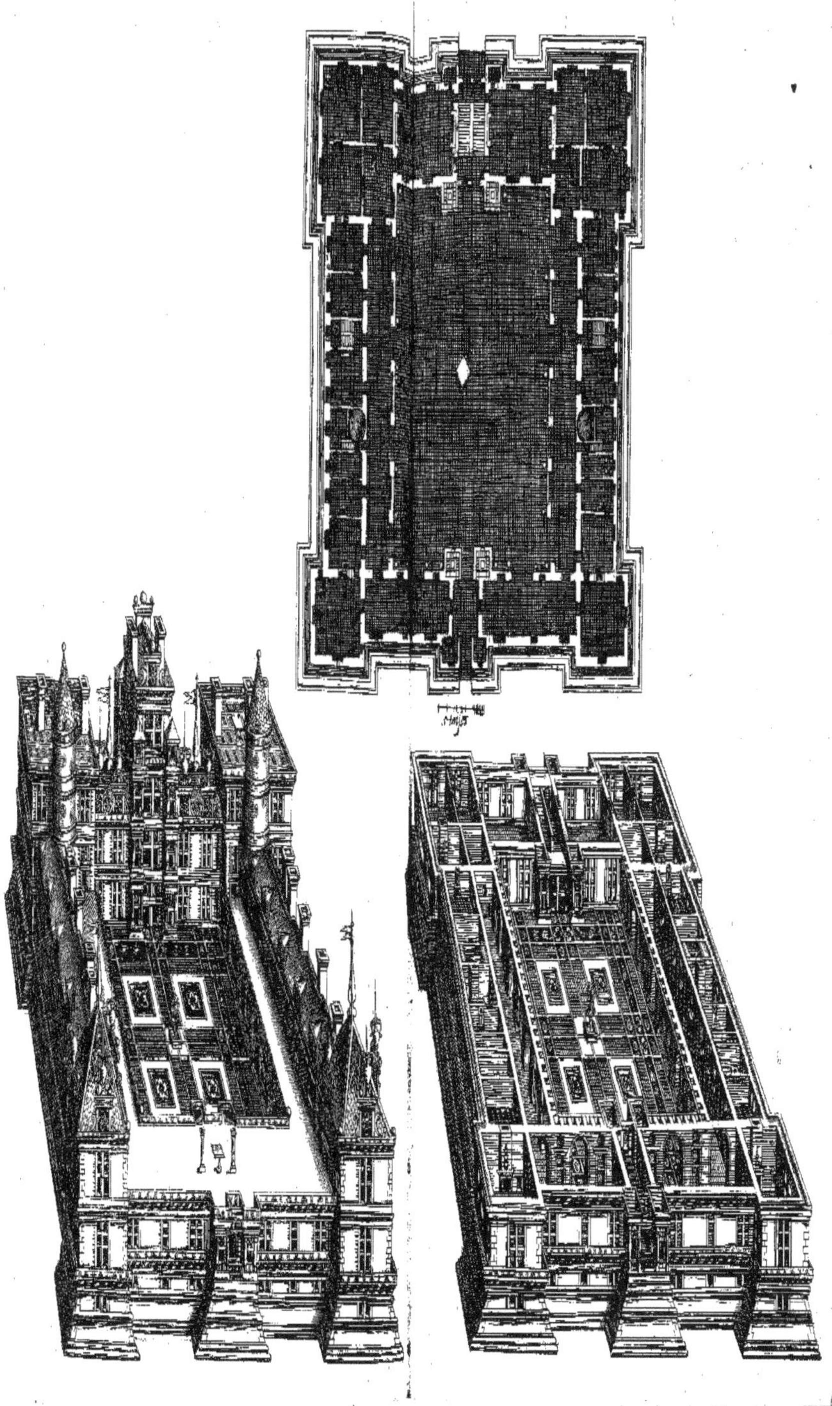

E grand baſtiment peut bien ſeruir pour vn grand temple &
vn beau college tout à l'enuiron, ayant 4. grands pauillons
aux 4.angles à 3. eſtages, chacun eſtages, chacun eſtage de 4.
toiſes de hault. Le derriere eſte comparty pour l'habitation
des miniſtres & regens, ayant chacun pauillon vne belle ſale,
chambre, riere-chambre, & garde-robbe, & montant par l'e-
ſcalier & clochier, qui eſt au milieu des deux baſtimens, on a encores des beaux eſtudes & cabinets:car ces petits membres ſont à double eſtage, & le couuert en terraſſe, commes les autres coſtez. Les priuez communs ſont au milieu de ceſt eſcalier & clochier. Ou bien ce grand baſtiment ſeruira pour vne
belle maiſon de ville. Car leuant les bancs du mileu du temple, qui ſont mis
pour les femmes. Il reſtera vne ſale des plus grandes & belles qu'on ſçauroit
voir, ayant par terre au long de la muraille 6. bans ioignans l'vn ſur l'autre en
maniere de theatre, & 2. galleries l'vne ſur l'autre droitement de 2.toiſes de diſtance en hauteur, & vne toiſe de largeur auec 3. bancs en la meſme façon de
theatre, leſquelles galleries ſont ſouſtenuës à la muraille du téple par des corbeaux ſans aucun pilliers, afin d'auoir la veuë du tout libre. Tout le baſtiment
eſt enuironne par dehors de 6. degrez, chacun de demy pied de hault faiſant 3.
pieds pour bailler iour aux caues, qui ſont deſſoubs, & pour la beauté & ſanté
requiſes. Ayant monté ces 6.degrez on trouuera aux 3.coſtez 3.portaux ſemblables d'vne grande porte & 2. moyennes à dextre & ſeneſtre. Eſtant entré au
repos on entre encores par deux grandes portes dans le temple qui eſt en par-
faicte quadrature. A coſté dextre & ſeneſtre du repos ſont deux beaux eſcaliers pour monter aux galleries dedans le temple, & aux terraſſes ſur les portaux,
& aux ſales & autres membres des 4.pauillons : & auant que monter on peut
entrer aux ſales baſſes deſdits pauillons outre-paſſant l'eſcalier. Ce baſtiment
en dehors a de chacun coſté 34. toiſes de long, ſans comprendre les colomnes
& les 6.degrez en dehors tout à l'enuiron. Les 4.pauillons ont chacun 10. toiſes
d'elong en quarrure par dehors, leur muraille a 5. pieds d'eſpeſſeur, & celle du
temple 7.pieds. La hauteur des pauillons eſt de 12.toiſes iuſques au toict, ſans
les 6.degrez de dehors. Les eſcaliers ont chacun 2.toiſes de large, ſans le merlon, & montant iuſques au premier repos ſur le deuant ont 12. degrez, faiſans
6.pieds de hault, à raiſon de demy pied pour chacun degré en hauteur, comme ont tous les degrez des baſtimens de ce liure. De ce repos on remonte encores autres 12. degrez en tirant au temple, à la muraille duquel ſont les portes pour entrer ſur les premieres galleries, qui ſe trouuerant 2.toiſes de hault
depuis la terre. Deupuis ces portes & ſecond repos on montera encores autres
14.degrez, faiſant 2.toiſes de hauteur, & on trouuera le repos & les portes pour
entrer dedans le temple aux ſecondes galleries. Et ce ropos ſert encores pour
entrer au ſecond eſtage des pauillons, & depuis là on montera encores par l'e-
ſcalier 4.toiſes pour la hauteur du ſecond eſtage & entree du troiſieſme, & auſſi ſus les terraſſes des portaux, & par tout à l'enuiron du temple à platpied. Deſ-

A a

quelles

quelles terrasses & des pauillôs aussi on peut veoir le dedans du temple par 4.
fenestres qui sont au droit de chascune terrasse, excepté la derniere qui n'en a
que deux, à cause du clocher. Les fenestres du temple ont chacune deux toises
de largeur, & dix toises de hauteur, & celles des pauillons neuf pieds de largeur
& dixhuict pieds de hauteur. Les Sales des pauillons dedans œuure ont chascune huict toises vn pied de long & cinq toises de large. Elles se rencontrent l'v-
ne l'autre au bas estage, mais aux autres deux du dessus, il seroit plus commode
qu'elles se compartissent en vne Salle & vne chambre, ou bien en diuers membres pour les classes, & autrement à plaisir. Le temple a 20. toises de long de
tous costez dans œuure. La superfice d'iceluy contient en dedans 4. cens toises
quarrees. La toise a trente six pieds quarrez, & peut contenir 24. personnes assis, à raison de vn pied & demy en quarrure pour personne. Ainsi les 400. toises
contiendront neuf mille six cens personnes assis, sans les galeries.

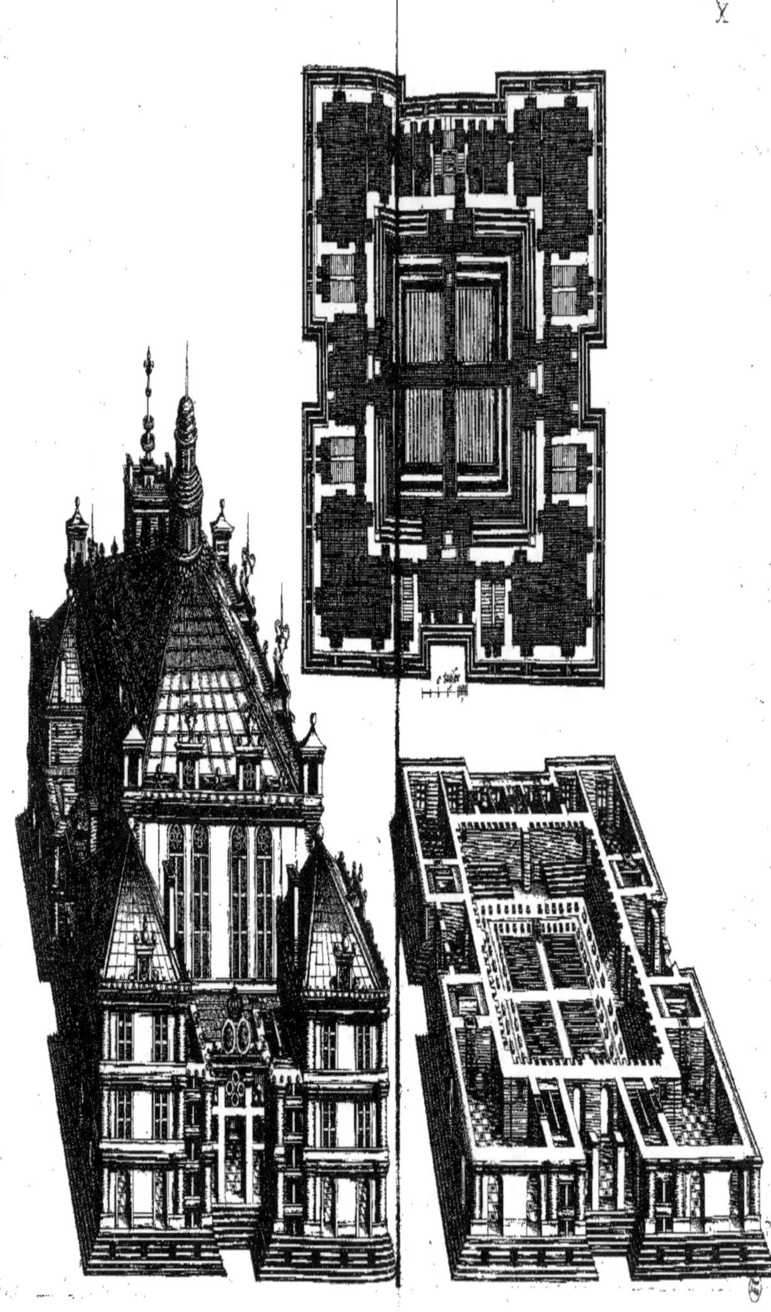

E grand & excellent pauillon a d'eſpeſſeur en ſes murailles tout à l'enuiron, & deça & dela l'eſcalier, douze pieds, qui ſont deux toiſes, dans leſquelles ſont de petits eſcaliers, cabinets & priuez, depuis le bas iuſques en haut: Au deſſoubs du bas logis ſont les caues, & au deſſus d'icelles à main droite eſt vne grande cuiſine au milieu, qui a ſon entree par deſſoubs l'eſcalier, laquelle a huiℓℓ toiſes de long, & ſept toiſes de large. Et en ces coſtez elle a le four, empaſterie, fontaine, garde-manger, & beaucoup d'autres petits membres d'office, & pour les ſeruiteurs, qui ſont tous à double eſtage, excepte ladite grand cuiſine, & à main gauche (outrepaſſant à plain pied l'eſcalier & les portes) eſt vne Sale ayant ſept toiſes de long, & ſix de large. Puis de ſuitte eſt vne anti-chambre ayant ſept toiſes de lõg, & quatre toiſes deux pieds de large. Puis vne chambre ayant ſix toiſes de long & 4. toiſes & demy de large, & a auſſi ſa riere chambre, garderobbe & cabinet contenus. Ces petits membres ont double eſtage, & on y monte au deſſus par des petits eſcalliers qui ſont dedans l'eſpeſſeur de la grande muraille. Iceux ſeruent de grande commodité, & parce moyen il n'y a rien de vuide ou de perdu, pource que la hauteur des grands eſtages le peut bien porter en beauté & belle perſpectiue. Au derriere du grand eſcalier eſt vne longue ſalette pour le commun, par laquelle on peut ſortir a gauche d'vne feneſtre pour grãde commodité. Elle a ouuerture en ſon planchier, & des petites galleries à l'enuiron. On y entre par le premier repos au grand eſcalier, & de là où on veut. Eſtant monté vn eſtage par le grand eſcalier (qui prend iour deuant & derriere) à la main dextre d'iceluy eſt vne fort grande Sale, contenant dix huiℓℓ toiſes de long, & ſept de large, qui comprend depuis le deuant tout au long iuſques au derriere, ayant trois feneſtres deuant, & autant derriere, & à coſté en a ſix. Toutes les ouuertures deſquelles ſont de neuf pieds de large & 21. pied de haut. Or ceſte ſale a cauſe de ſa grande longeur & largeur comprend deux eſtages des autres baſtimens pour ſa hauteur, auec deux feneſtrages l'vn ſus l'autre pour belle perſpectiue & grande beauté comme vn theatre, & entre les deux feneſtrages en dedans eſt vne gallerie tout à l'enuiron, qui eſt ſouſtenue par des corbeaux, comme ont tout les autres ſept eſtages par dehors. Qui veut peut faire vne ſemblable ſale que ceſte cy au deſſus, ou bien autres membres à plaiſir. Puis eſtant mõté par l'eſcalier iuſques au ſeptieſme eſtage où eſt le toiℓℓ & greniers, on trouue vne grande gallerie comprenant depuis le deuant iuſques au derriere, ayant ſon iour de tous coſtez, ſa largeur eſt de toute la largeur du grand eſcallier, & ſa hauteur de dix toiſes, qui ſont deux eſtages. On la peut bien compartir autrement en grande varieté au plaiſir du Prince qui fait faire le baſtiment: elle a à coſté dedans les murailles des petits eſcaliers pour monter au deſſus à la grande terraſſe, & au milieu du baſtiment d'icelle, lequel a auſſi ſon eſcalier à dextre au dedans de la grande arcade pour monter au plus haut à la petite terraſſe où ſort l'eſcallier d'vn coſté, & le tuyau de pluſieurs cheminees de l'autre.

A cha-

A chacun angle de ladite grand terrasse sont grand vases de bronze pour beauté pour y mettre du feu de combustion à plaisir comme on veult. Le deuant de ce pauillon a 26. toises de long & autant le derriere, & les costez 22. toises par dehors. La hauteur de chacun estage est de 5. toises, & celle de grandes sales 10. toises, & des petits membres 2. doises & demy. Tout l'escalier a 4. toises 2 pieds de large entre deux murailles y compris de merlon, & 30. degrez de hault iusques à son premier repos, & de là en remontant sur le deuant autres 30. chacun degré a vn pied de large & demy pied de hault. Ainsi tout l'escalier iusques au second estage a de hauteur 5. toises qui reuient iustement à planpied de tout le bastiment à dextre & senestre. Ses fenestres ont 10. pieds de large, & de hault 22. pieds. Et en ce grand pauillon pourroient bien loger 500. personnes à leur aise.

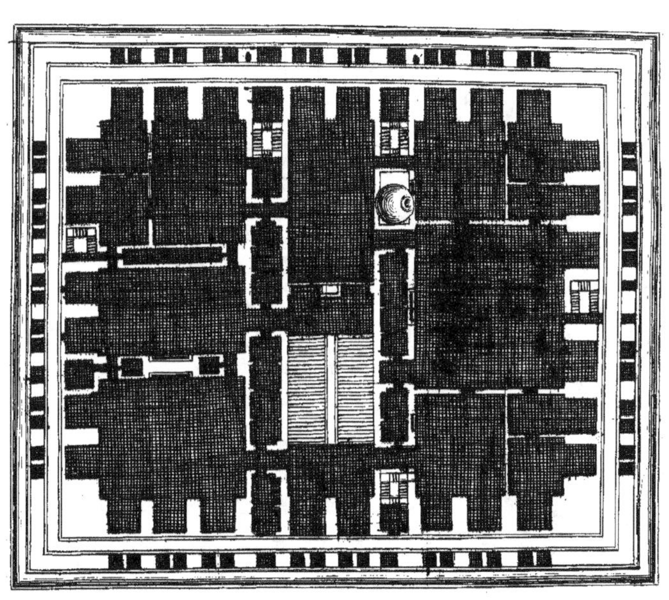

toise

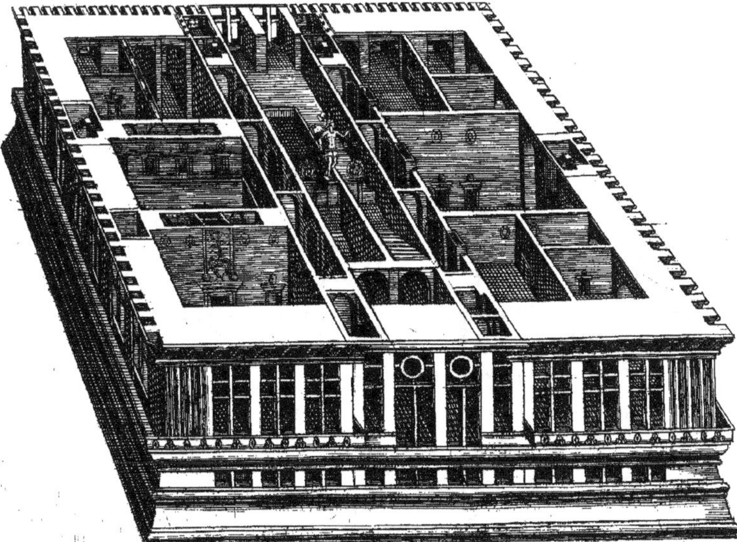

E grand & excellent bastiment a son plus grand pauillon au milieu a-
uec son fosse. Duquel le plan auec la perspectiue tant du dehors que
du dedans est cy deuant auec la declaration suiuant la table. Il y a deux
basses cours, vne deuant, & l'autre derriere du tout semblables. Lesquelles sont euironnees de fort grandes galleries en maniere de terrasse, ayans aux 4. bauts 4. grands pauillons qui les conioignent pour en-
ter dedans, dessus, dessoubs & au milieu, & là où ils se conioignent il
ya des escaliers pour i monter: & outre passant ces escaliers on trouuera la grand cuisine,
four, garde-manger & autres membres d'office pour lesdits pauillons. Ces galliers sont
duobles, & se ioignent l'vne à l'autre par vne muraille qui est au milieu tout au long, la
plus haulte & plus large gallerie est par le dehors, ayant 4. toises de largeur dans œuure,
& 5. toises de hauteur, & la moindre en dedans a 3. toises de largeur dans œuure, & 2 toises & demy de hauteur: ceste cy est faicte en dedans par arcades & fenestrages, qui conti-
ennent 8. pieds de large, & de hault 15. pieds, pour paruenit à plan-pied de la grand'gallerie en son secőd estage, car elle a 2. estages, chacun ayant 15. pieds, pour paruenit a plan-
pied de la grand' gallerie en son second estage, car elle a 2. estages, chacun ayant 15. pieds
de hault, & c'est pour venir iustement à plan pied de le sale du grand pauillon, qui a 30.
pieds pour sa hauteur de chacun estage. Les murailles de ces galleries & pauillons ont
chacune vne toise de large. Ainsi sont 10. toises de largeur pour les galleries, tant dans
œuure que de muraille, y comprenant les piliers qui sont dans œuure de toutes les deux
galleries, pour le soustement des arcades voutees de pierre : car i'entens qu'elles soient
toutes voutees, & que les petites galleries aient des colomnes tout à l'enuiron de la basse-
court. Les 4. pauillons se flancquét tous l'vn l'autre par dehors, & par le dedans au long
des galleries. Ces pauillons ont chacun estage. Il y a en chacun pauillon vne grande sale
quarree, grande chambre, riere-chambre, garde-robbe & cabinet. La sale a 7. toises en
quarrure dans œuure où sont des colomnes pour sustenir vne gallerie d'vne toise de largeur, pour aller tout à l'enuiron par dedans d'vne gallerie à l'autre & aux petits membres des pauillons: & cela se doit entendre de la petite gallerie, qui est en arcades, qui n'a
que 15. pieds de hauteur. Car quand à la grande gallerie qui a 5. toises de hault, elle reuient tousiours à plan-pied du second estage desdits pauillons. Ceste grand' sale prend son
iour deux costez, & aussi par dessus les portes des galleries, par lesquelles portes on va d'
vne Gallerie à l'autre par dedás ladite sale, ou bien par dehors qui veut, sans entrer nullement dedans le logis dedits pauillons. La grand' chambre a 7. toises de long, & 5. de large, & autant de hault: & la riere chambre a 5. toises en quarrure & aussi 5. toises de hault:
la garde-robbe a 5. toises de long, & 4. toises de large, & le cabinet a 5. toises de long, & 3.
toises de large. Ces deux derniers membres ont double estage qui veut pour plus de cő-
modité, laissant tousiours belle perspectiue & dehors & dedans, ces membres se peuuent
bien compartir ruttement, mais ie l'ay ainsi faict pour vne beauté excellente. Les deux
escaliers qui sont aux 2. costez des pauillons, depuis le bas iusques au plus hault, fournis-
sent par tout pour venir à plan pied ausdites galleries & pauillons. Tous ces 4 pouillons
sont d'vne mesme facon, & les galleries deuant & derriere semblables, & les deux grandes qui sont à costé dextre & senestre sont aussi semblables. Icelles en ont d'autres cour-
tes à trauers, qui vont iusques prés du fossé du grand pauillon: & la haulte gallerie au milieu a deux escaliers à dextre & senestre qui vont iusques à terre qui seruent aussi aux 2.
petites galleries qui sont aux costez de la grand'sale. Lesquelles 3 galleries s'entretiennét
les vnes aux autres a plan pied, tát les basses que les hautes, & au bout d'icelles prés lefos-
fé au droit du milieu de leurs escaliers, fault entendre qu'il y a vne grande arcade de pierre large de 8. pieds, & dessus a plan pied vne gallerie & pont-leuis qui trauersera le
fossé, & se ioindra au grand pauillon à plan pied de la grand' sale pour entrer dedans, &
par tout le bastiment de ce second estage: tellement qu'on pourra aller par tout & voir
d'iceluy la compagne tout l'enuiron, sans que lesdites galleries, qui sont toutes en terrasses empeschent nullement la veuë. La face du deuant (entre de ce grand bastiment) a 87.
toises de long par dehors tant des galleries que des deux pauillons, & autant le derriere,

Cc

& les

& les coftez dextres & feneftres ont chacun 107.toifes de long tant des galleries que des
pauillons:au milieu defquelles eft vn pauillon tetrache, qui fe couure en terraffe à plan-
pied de la grãde gallerie. La porte a 12.pieds de large, & a cofté dextre & feneftre foubs la
haulte galliere eft vne fale ayant 6.toifes de lõg, & 4.de large, auec vne grand'chãbre qui
la fuit de 4.toifes en quarrure. A la petite gallerie eft vn efcalier pour mõter fur icelle, &
fur la grande auffi: & faut paffer a plan-pied par deffoubs l'vn des degrez, puis fe reuirant
monter contre le paffage de la porte 15.degrez, qui font 7.pieds & demy de hault iufques
au repos, & de la retourner & remonter autres 15.degrez pour venir a plan-pied fur la petite gallerie, quia 15.pieds de hault. Et en apres faut faire autant de montee par ceft e-
fcalier pour paruenir à plan-pied de la haute gallerie. Ainfi comme ce portail du deuant
eft faict, ainfi le portail foubs la gallerie du derriere fera faict, par lequel on va au iardin,
car tout ce grand baftiment eft enuironné de iardinage vn peu efleué iufques aux foffé
ayant vne muraille effeuee fur terre feulement de 3.ou 4.pieds pour laiffer belle veuê, laquelle fe flanquera en maniere de fortereffe. Le foffe eft large de 4.toifes par tout, ayant
des pedits viuiers de deux coftez, long chacun de 44.toifes & large de 36. Aux coftez defquels viuiers font à chacun 2.boccages à dextre & feneftre. Le demeurant eft en allees &
iardinages iufques aux 4.baftimens, qui font aux 4.angles de fort longues galleries par
terre couertes, qui les conioignent tout a l'enuiron. Vne partie de fes galleries font faictes en arcades & feneftrages pour appuy, & des autres font en colomnes & arcades pour
plus de variete & grãde beaute: Au milieu de ces galleries au droit des viuiers, eft vn baftiment moyen au long defdites galleries, ayant vn grand pauillon au milieu, & deux efcaliers à dextre & feneftre, feruans taut pourimonter audit pauillon, que a fes baftimens
eftans a fes 2.coftez, qui font vne grande chambre, riere-chambre, garde-robbe & cabinet, & la gallerie par terre de fuite en arcades & feneftrages, qui va ioindre lefdits grands
baftimens qui font aux angles. Or ces 4.baftimés font tous femblables, ayans chacun en
fon principal angle vn grãd pauillon de 6.toifes en quarruere dans œuure pour vne grãde
fale commune, & deux efcaliers aux deux coftez feruans tant audit pauillon, que à fes 2.
baftimens qui font de fuite aufdits efcaliers: à fcauoir vne fale ayant 6.toifes de long, &
4.de large. Puis apres vne anti-chambre ayant 4.toifes de long, & 3.de large. Puis de fuite
vne chãbre de 4.toifes en quarrure: puis fa riere-chãbre de 4.toifes de long & 3.de large:
puis luy continue fa grade robbe de mefme grandeur, & auffi le cabinet de mefme gran-
detur. Et lors eft vn efcalier, qui eft touchant vne cuifine de 4.toifes en quarrure, puis la
fontaine, four, garde-manger, & finalemé font les priuez communs de 4.toifes en quarrure, ayãs vne petite gallerie pour feparation. Or en dedãs & ioignant ce grand baftimét
eft vne longue gallerie en terraffe tout au long faicte à grãdes arcades & feneftrages pour appuy, ayant 2.toifes de large, qui fert de grande beaute & encors de plus grãde commodité, afin d'aller par tous les membres particulierent, fans entrer (qui veult) en aucuns des autres, tant au bas eftage, que au deffus. Du bas eftage on defcend au iardin par
6.degrez qui font 3.pieds de hault, & c'eft prour bailler iour aux feneftres des caues q font
tout au long du baftimét, qui a deux eftages, chacun de 4.toifes de hault, & le grãd pauillon a 3.eftages fi les extremitez où font les priuez, il ya forme de pauillon, le baftiment fe
monftrera tant plus beau: car le grãd pauillon flancq; les deux coftez, & vn petit pauillon
qui eft à l'angle du iardin, flanq; aux autres deux coftez q font faicts de muraille auec des
treillies par dedans au loeg du iardin, qui eft tout en quarrure. Et faut entendre que tous
les principaux membres d'vn baftiment doiuét eftre autant haults que larges, entãt que
faire fe peut, & que rien ne foit incõmode ou fuperflu. A l'entree de ce grand circuit font
2.pauillons au milieu de la gallerie, qui eft faicte par terre en arcades, feneftrages & puis
en pilliers tout à l'enuirõ couuerte à dos d'afne. Puis ayant outre-paffe vne belle grande
place font deux petits pauillõs à dextre & feneftre, du pont fur le foffe, lequel ayãt paffe,
font encors deux autres plus grands pauillõs à dextre & feneftre, ayant chacun efcalier &
baftiment de fuite, fcauoir, d'vne chambre ou fale, riere-chambre, garderobbe, cabinet
& priuez au long du foffe. Puis eftant en la premiere court, qui eft fort fpatieufe, on entre
au grand baftiment Royal: fur le derriere duquel, ayant paffe le foffe, eft vne femblable
grãn-

grande place cõme deuãt, qui est propre pour le maneage des cheuaux, lesquels on peut voir commodêment des galleries du dit grand bastiment. Et au droit de ce maneage au long de la grand' gallerie par terre est la grande escuirie, ayant 77. toises en quarrure, tirant dedans le parc. Car i'entens que le tout soit enfermè dedans vn fort grand parc, en bon air & bon lieu sur grande riuiere, si faire se peut.   La face du bastiment de l'escuirie regarde le grand bastiment Royal, & au milieu vn grand pauillon de 6. toises en quarrure dans œuure, & a ses 2. costez 2. escaliers, feruans tant audit pauillon que a ses bastimens qui font a dextre & feneftre, fcauoir eft, vne chambre de 4. toifes en quarrure, fa riere chambre de 4. toifes de long, & 3. de large, & autant la garderobbe: comme a auffi le cabinet qui eft de fuite. En apres eft vne gallerie de 10. toifes de long, & 4. large. Et en la fin a l'angle eft vn moyen dauillon de 4. toifes en quarrure pour la commodité & beauté de toute l'efcuirie. Laquelle a fort grande court au milieu du tout airee pour la fanté.

POur bien baftir & demonfter, les Mathematiques font fort neceffaires, car par icelles il faut bien compofer, faire le plan & la perfpectiue tant du dehors que du dedans, & furtout le modelle accomply, & le plus petit eft le plus plaifant & commode. C'eft le principal de l'architecture, pour baftir fans repentance, & en auoir vn fingulier contentement. I'en ay, & faict aucuns en carton accomplis de villes entieres, forti-fi
ees, & de chafteaux, temples pauillons & autres baftimens par
ticuliers de ce liure qui ne font pas plus grands que
leurs perfpectiues.

A Dieu foit feule gloire.

www.ingramcontent.com/pod-product-compliance
Lightning Source LLC
LaVergne TN
LVHW050842200726
843507LV00001B/383